# Impulse

**Second Edition**

## Arbeitsbuch

**David Crowner**
Gettysburg College

**Klaus Lill**
Gesamtschule Kürten
Journalist

HOUGHTON MIFFLIN COMPANY    BOSTON    NEW YORK

Director, Modern Language Programs: E. Kristina Baer
Development Manager: Beth Kramer
Development Editor: Barbara B. Lasoff
Assistant Editor: Angela Schoenherr
Project Editor: Harriet C. Dishman
Manufacturing Manager: Florence Cadran
Marketing Manager: Patricia Fossi

Copyright ©1999 by Houghton Mifflin Company. All rights reserved.

No part of this work may be reproduced or transmitted in any form or by any means, electronic or mechanical, including photocopying and recording, or by any information storage or retrieval system without the prior written permission of Houghton Mifflin Company unless such copying is expressly permitted by federal copyright law. Address inquiries to College Permissions, Houghton Mifflin Company, 222 Berkeley Street, Boston, MA 02116-3764.

Printed in the U.S.A.

ISBN: 0-395-90935-X

123456789-PAT-02  01  00  99

# Contents

**Introduction**  v

### *Zum Lesen und Schreiben*
Kapitel 1     1
Kapitel 2     5
Kapitel 3     9
Kapitel 4     13
Kapitel 5     17
Kapitel 6     21
Kapitel 7     25
Kapitel 8     29
Kapitel 9     31
Kapitel 10    35
Kapitel 11    39
Kapitel 12    43

### *Radiomagazin Impulse*
Kapitel 1     45
Kapitel 2     49
Kapitel 3     53
Kapitel 4     57
Kapitel 5     61
Kapitel 6     65
Kapitel 7     69
Kapitel 8     73
Kapitel 9     77
Kapitel 10    81
Kapitel 11    85
Kapitel 12    89

### *Video Impulse*
Bericht A     95
Bericht B     97
Zusatz B     99
Bericht C     101
Bericht D     105
Bericht E     107
Bericht F     109
Bericht G     111
Bericht H     113

Bericht I   115
Bericht J   117

**Answer Keys**
To *Zum Lesen und Schreiben*   119
To *Radiomagazin Impulse*   123
To *Video Impulse*   132

**Permissions and Credits**   138

# Introduction

This *Arbeitsbuch* consists of the following parts:

- *Zum Lesen und Schreiben*
- *Radiomagazin Impulse*
- *Video Impulse*

## Zum Lesen und Schreiben

The purpose of this section of the *Arbeitsbuch* is to provide you with additional reading and writing practice. It consists of twelve chapters—each one corresponding thematically to its respective textbook chapter. The first half of each chapter (*Zum Lesen*) focuses on reading, the second half (*Zum Schreiben*) on writing. Each chapter begins with a *Lesestrategie* activity that parallels the reading strategy activity in your textbook. In most chapters this is followed by an activity designed to familiarize you with vocabulary in the upcoming reading or by an activity focusing on the *Sprachliche Funktion* topic treated in the corresponding textbook chapter. The readings, linked thematically to the textbook chapters, stem from a variety of sources, e.g., newspapers, brochures, and books.

The second half of each chapter begins with a guided writing activity that aids you in summarizing the reading very briefly based on key questions. The second and final writing assignment directs you to write a composition of approximately ten sentences on one of two themes reflecting the chapter content. In each chapter this essay assignment is preceded by the presentation of a writing strategy related to the reading strategy and *Sprachliche Funktion* topic in the corresponding textbook chapter, and which you can use in your writing. These strategies include such issues as concentrating on word order, varying sentence structure, and organizing paragraphs clearly. In addition to these chapter-related strategies, chapter one presents a concise list of general strategies, taking you from the brainstorming state to typing the finished essay. You are encouraged to review this list as you work through the book. Because material in the writing strategy section applies to writing you do in any discipline and because some of it may be unfamiliar to you, we have provided this section in English.

## *Radiomagazin Impulse*

Your audiocassette program, *Radiomagazin Impulse,* consists of twelve audio units on cassette and the accompanying exercises printed in this *Arbeitsbuch*. Each audio unit—one for each chapter—was recorded in a radio show format featuring an interview or report followed by six exercises based on the interview or report.

*Radiomagazin Impulse* not only helps you improve your comprehension of spoken German, but it also offers valuable practice in speaking, reading, and writing. Since the content of each audio unit is closely related to its chapter, the work you do with *Radiomagazin Impulse* reinforces what you have learned by using the textbook.

The sequence of activities in each of the twelve *Radiomagazin Impulse* chapters is as follows:

1. Interview or report
2. Exercises (**Übungen**)
   A. **Lückentext:** The text of the interview or report is printed in the *Arbeitsbuch* with blanks for you to fill in while listening to the recording a second time.

B. **Richtig oder falsch?** You hear approximately ten statements about the interview or report and decide whether each is true or false.
C. **Was stimmt?** You hear several incomplete statements based on the interview or report. You supply the missing information by choosing from two options.
D. **Übung D:** Exercise D varies from chapter to chapter. For example, in one chapter the exercise consists of a series of quotations from the *Radiomagazin* interview. Based on the point of view expressed in the quotation, you identify the individual in the interview who would have made that statement. In another chapter, you hear items in groups of three and identify the one item that is unrelated to the interview.
E. *Impulse*-**Ratespiel:** You hear 5–6 statements about the interview or report in which one word is emphasized. You determine to what the emphasized word refers. For example: "THIS is the title of your German book." Your answer: Impulse.
F. **Fragen zum Interview oder Bericht:** You hear five questions about the interview or report and provide brief answers to them. Since you are free to write your own answers, they will probably vary from those of other students.

## *Video Impulse*

*Video Impulse* consists of ten short video programs and the accompanying exercises in this *Arbeitsbuch*. All of the video recordings were produced in Germany for German television. Sources include: *Deutsche Welle*, a large broadcasting institution located in Köln; *VOX*, a television broadcasting corporation with headquarters in Köln; and *Hessischer Rundfunk*, a radio broadcasting institution with its studios in Frankfurt.

The individual broadcasts were chosen for **Impulse** because of their interesting content and their correspondence to the themes treated in your textbook. They offer you the opportunity to expand your knowledge of the chapter themes and see them from another point of view. *Video Impulse* offers you the opportunity to watch television just as a German would and exposes you to German culture and language in real and natural settings.

Since each video unit is very closely thematically linked to its respective chapter, your work in the textbook will double as preparation for the video. As a consequence, it is recommended that for increased comprehension of the film, you begin your work on most of the videos late in the chapter schedule.

The video recordings are short—they vary in length from approximately only three to eight minutes. Yet even a three minute video can contain a great amount of spoken language. To help you comprehend and master as much as possible, a series of four exercises accompanies each video recording. The exercises are designed primarily for classroom use. The exercises in each unit are comprised of the following:

a. an exercise asking you to divide the video into a sequence of logical segments and identify each segment with a short title; this exercise helps you think of the video in manageable chunks;
b. an exercise that poses approximately five to eight content questions which help you focus on specific information;
c. an exercise consisting of another set of questions which bring out another view of the film than did the questions in the previous exercise;
d. one or two questions aimed at the relationship between the video and the textbook chapter; this exercise helps you think about the video in an integrative manner.

## Answer Keys

So that you can check your work immediately, an answer key is provided for each of the three sections of this *Arbeitsbuch*. Possible answers are provided for activities requiring phrase- or sentence-length responses. You may want to ask your instructor to review such answers. As you would expect, no answers are provided for the essay activities.

# Zum Lesen und Schreiben

## Kapitel 1 – Fernsehen

### Zum Lesen

**A. Lesestrategie: Subjekt und Verb erkennen.** Das Subjekt und sein Verb sind das Herz eines Satzes. Stellen Sie in den folgenden Sätzen aus dem Zeitungsartikel in Übung C fest, was das Subjekt ist und was sein Verb. Unterstreichen Sie das Subjekt einmal, das Verb zweimal und machen Sie einen Kreis um das Akkusativobjekt, wenn es eines gibt.

**ZUM BEISPIEL**

Außer Briefen bekommen die Mitarbeiter der Abteilung manchmal auch (fantasievolle Geschenke) ...

1. Indonesien, Brasilien, Pakistan, Japan – in alle Herren Länder sendet die Deutsche Welle (DW) von Köln aus ihre Programme.

2. Und aus der ganzen Welt bekommen die Mitarbeiter Hörer- und Zuschauerpost.

3. Um die Berge von Zuschriften zu beantworten, gibt es in dem 31 Stockwerke hohen Bau am Raderberggürtel 50 eine eigene Abteilung „Hörer- und Zuschauerpost".

4. Viele fragen nach einem Foto der deutschen Fußballnationalmannschaft ...

5. Aber auch ernste Themen beschäftigen die Briefeschreiber ...

**B. Begriffe im Artikel.** In der linken Spalte sind Begriffe aus dem Zeitungsartikel in Übung C und in der rechten Spalte sind andere Ausdrücke dafür. Bestimmen Sie, welche Begriffe und Ausdrücke am besten zusammenpassen.

____ 1. in alle Herren Länder            a. Radio

____ 2. die Berge von Zuschriften        b. aus dem Ausland

____ 3. in dem 31 Stockwerke hohen Bau   c. in die ganze Welt

____ 4. Hörfunk                          d. bitten um

____ 5. im vergangenen Jahr              e. viele Briefe

____ 6. aus Indien, Australien und (fast) der ganzen   f. letztes Jahr
         restlichen Welt                 g. im Hochhaus

____ 7. fragen nach

**C. Lesetext.** Lesen Sie den folgenden Zeitungsartikel aus der *Kölnischen Rundschau*.[1]

## Hörer- und Zuschauerpost an die Deutsche Welle
## 500 000 Briefe aus aller Welt

*Anette Sydow*

Indonesien, Brasilien, Pakistan, Japan – in alle Herren Länder sendet die Deutsche Welle (DW) von Köln aus ihre Programme. Und aus der ganzen Welt bekommen die Mitarbeiter Hörer- und Zuschauerpost. Um die Berge von Zuschriften° zu beantworten, gibt es in dem 31 Stockwerke hohen Bau am Raderberggürtel 50° eine eigene Abteilung° „Hörer- und Zuschauerpost".

„Wir sehen uns als viertes ‚Medium' der Deutschen Welle, neben Hörfunk, Fernsehen und Online", sagt Abteilungsleiter Oliver Zöllner. „Der Unterschied ist, dass wir unsere Zuschriften individuell beantworten und so einen ganz intensiven Kontakt zum Publikum haben."

500 bis 600 Briefe erreichen täglich die Posteingangsstelle° – im vergangenen° Jahr waren es 500 000. Dort werden sie sortiert und an die verschiedensprachigen Briefredakteure° weitergeleitet. „Die Zuschriften aus Indien, Australien und (fast) der ganzen restlichen Welt sind meist Nachfragen° zum Programm, oft gibt es aber auch Kuriositäten: Viele fragen nach einem Foto der deutschen Fußballnationalmannschaft, Hörer laden die Redakteure zu ihrer Hochzeit° ein oder bitten um Kochrezepte°", so Zöllner.

Aber auch ernste Themen beschäftigen° die Briefeschreiber, die übrigens° zu 58 Prozent in Asien leben: „Manche schicken uns Heiratsanträge°, um in Deutschland leben zu können. Aus dem Irak bekommen wir Hilferufe. Und junge Menschen aus Kenia hoffen darauf, dass wir ihnen ein Stipendium an einer deutschen Universität besorgen° können", erklärt Samia Hassan Othman, die Briefe auf Kisuaheli° beantwortet. „Wir fühlen uns als Botschaft° für die ganze Welt."

Außer Briefen bekommen die Mitarbeiter der Abteilung manchmal auch fantasievolle Geschenke: ein gewebtes° Tischdeckchen aus Pakistan, selbstgenähte° Bermudashorts aus Afrika oder ein Silbertablett° aus Sri Lanka, auf denen das DW-Logo prangt°. syd

*letters*
*(street address)*
*department*

*mailroom*
*preceding*
*correspondence editors*
*inquiries*

*wedding / recipes*
*occupy / by the way*
*marriage proposals*

*get*
*Swahili / embassy*

*woven*
*hand-sewn / silver tray*
*is proudly displayed*

# Zum Schreiben

**D. Schriftliche Zusammenfassung.** Fassen Sie in vier Sätzen den Zeitungsartikel zusammen. Lassen Sie sich von den folgenden Fragen leiten.

1. Warum braucht die Deutsche Welle eine Abteilung „Hörer- und Zuschauerpost"?
2. Was machen die Mitarbeiter in dieser Abteilung?
3. Aus welchen Gründen schreiben Hörer und Zuschauer Briefe?
4. Senden die Hörer und Zuschauer nur Briefe?

_____

_____

[1]Sydow, Anette. "Hörer- und Zuschauerpost an die Deutsche Welle: 500 000 Briefe aus aller Welt," *Kölnische Rundschau, Teil: Stadt Köln,* 21.4.98, 3.

_____
_____
_____
_____

## Writing Strategies

Each chapter of the *Zum Lesen und Schreiben* section of the *Arbeitsbuch* includes a brief presentation (in English) of a writing strategy related to the respective chapter in the textbook. In addition, this first chapter provides the following general writing strategies:

### Stages in the Writing Process

1. **Generate Your Ideas**
   Before you begin writing, brainstorm about the topic, asking yourself questions about it. As you brainstorm, make brief notes, getting your thoughts down on paper.
2. **Organize Your Ideas**
   After brainstorming and note-taking, look over your notes. Number your ideas, at least tentatively, in the order in which you want to write about them.
3. **Narrow or Expand Your Focus**
   As you number your ideas, decide which ones are unnecessary or irrelevant, and jot down new ones that come to mind. Do not worry in these early stages about vocabulary, grammar, spelling or punctuation.
4. **Pinpoint Your Purpose**
   As organization of your ideas appears, try to identify the controlling idea, the thesis, the purpose of your writing. Formulate your purpose in rough form for your introductory paragraph.
5. **Create Paragraphs**
   Decide which few ideas are the main points defending your thesis, make them the topic sentences of paragraphs, and group the other ideas under the topic sentences as supporting evidence.
6. **Write the First Draft**
   Turn your notes into sentences and fill in gaps so that your ideas flow smoothly. Provide an introductory and concluding paragraph.
7. **Review the First Draft**
   Check the content. Is your purpose clear from the beginning? Does each paragraph have a topic sentence? Does each paragraph follow logically from the preceding one? Have you included supporting evidence, such as facts, names, dates, quotes? Have you included everything you intended? Have you avoided repetition?
8. **Write the Second Draft**
   Revise your composition according to what you found in your review of the first draft.
9. **Review the Second Draft**
   Now check vocabulary, grammar, spelling and punctuation. Pay special attention to word order, verb forms, and case endings of articles and adjectives. Finally, does your composition need a title?
10. **Produce the Final Draft**
    After incorporating all corrections, type your composition using double spacing. If your typewriter or computer software does not provide ß use **ss**, and for umlauted vowels use **e** after the vowel (**ae** = ä, **Ae** = Ä; **oe** = ö, **Oe** = Ö, **ue** = ü, **Ue** = Ü).

## Writing Strategy: Make Subjects and Verbs Agree

As you write, check to see that you use singular verb forms for singular subjects and plural verb forms for plural subjects. Be sure that whenever you do not start a sentence with the subject you place the subject directly after the conjugated verb. In dependent clauses (e.g., after **dass, weil**) place the conjugated verb in last position.

**E. Aufsatz.** Machen Sie eine der folgenden Aufgaben. Beziehen Sie sich auf die Informationen im Lehrbuch°, auf den Lesetext oben, und wenn möglich auch auf andere Quellen wie Videosendungen der Deutschen Welle und die Deutsche Welle im Internet.

*textbook*

1. Beschreiben Sie in einem Aufsatz von etwa zehn Sätzen die Deutsche Welle. Überlegen Sie sich für Ihren Aufsatz folgende Fragen:
   - Wie ist die Geschichte der Deutschen Welle?
   - Was ist die Aufgabe der Deutschen Welle?
   - In welchen Sprachen und in welche Länder sendet die Deutsche Welle ihre Programme?
   - Welche Sendungen gibt es?
   - Welche Rolle spielt die Abteilung „Hörer- und Zuschauerpost"?

2. Schreiben Sie einen Brief von etwa zehn Sätzen, den Sie an die Deutsche Welle senden könnten. Erklären Sie zunächst, wer Sie sind, wo Sie leben und ob Sie Sendungen der Deutschen Welle gehört oder gesehen haben. Überlegen Sie sich folgende Fragen über den Zweck Ihres Briefes und erklären Sie, warum Sie den Brief schreiben.
   - Wollen Sie auf Sendungen der Deutschen Welle, die Sie gesehen haben, reagieren?
   - Wollen Sie Fragen über eine bestimmte Sendung stellen?
   - Möchten Sie Ihre Meinung zu einem Thema ausdrücken?
   - Möchten Sie weitere Informationen über bestimmte Aspekte der Deutschen Welle?
   - Wollen Sie Fragen über die Deutsche Welle als Auslandssender – z.B. über die Finanzierung und Politik – stellen?
   - Haben Sie einen besonderen Wunsch?

Name _____  Date _____

# Kapitel 2 – Ein Kriegserlebnis

## Zum Lesen

**A. Lesestrategie: Ersten und letzten Absatz lesen.** Oft kann man die Hauptgedanken eines Textes im ersten und letzten Absatz finden. Lesen Sie den ersten und letzten Absatz des Schüleraufsatzes in Übung C und versuchen Sie, die Hauptgedanken des Aufsatzes zu erkennen. Wählen Sie dazu eine der unten angeführten Möglichkeiten.

1. Erster Absatz:

    _____ a. In Ingolstadt war ein Angriff.

    _____ b. Das Kind war gerade in der Schule.

    _____ c. Das Kind lief nach Hause und ging in den Keller.

    _____ d. Schon bevor das Kind den Keller erreicht hatte, kamen die Flieger.

2. Letzter Absatz:

    _____ a. Der Vater war bei der Arbeit.

    _____ b. Das Kind erzählte dem Vater, dass die Mutter tot sei.

    _____ c. Der Vater weinte und ging nach Hause.

    _____ d. Am nächsten Tag wurde die Mutter begraben.

**B. Über Vergangenes sprechen (Perfekt).** Im Gespräch benutzt man das Perfekt. Stellen Sie sich vor, Sie sprechen mit dem Kind, das den Aufsatz in Übung C geschrieben hat. Formulieren Sie die folgenden Gedanken aus dem Aufsatz in Fragen um. Verwenden Sie das Perfekt.

**ZUM BEISPIEL**

     Ich lief heim.
Sie:   *Bist du heimgelaufen?*
     Ich packte meinen Koffer.
Sie:   *Hast du deinen Koffer gepackt?*

1. Ich ging in den Keller.

    _____

2. Ich setzte mich auf eine Bank.

    _____

3. Ich lief sofort in den Keller.

    _____

4. Meine Mutter blieb zu Hause.

    _____

**6** IMPULSE

5. Ich erzählte meinem Vater davon.

_____

C. **Lesetext.** Lesen Sie den folgenden Schüleraufsatz, in dem ein Kind über ein Erlebnis im Zweiten Weltkrieg berichtet. Dieser Aufsatz und der Lesetext im zweiten Kapitel des Lehrbuches wurden aus dem Buch *Als ich 9 Jahre alt war, kam der Krieg*[1] entnommen.

## Ein Schüleraufsatz
### Hrsg. Hannes Heer

Am 1. März war in Ingolstadt ein Angriff. Da war ich gerade° in der Schule, da war Fliegeralarm. Ich lief heim, packte meinen Koffer und ging in den Keller. Aber als ich auf dem Wege war, kamen schon die Flieger, ich lief so schnell wie ich konnte.

*just at that moment*

Kaum hatte ich hinter mir die Kellertür zugemacht, da fielen schon die Bomben. Ich setzte mich auf eine Bank°. Nach einiger Zeit war wieder Ruhe. Da kam die Entwarnung°. Ich ging hinaus und lief nicht weit, da war schon wieder Alarm, auf einmal kamen schon die Tiefflieger°. Ich lief sofort in den Keller.

*bench*
*all-clear signal*
*low-flying aircraft*

Nach einiger Zeit ist wieder Ruhe gewesen. Aber als ich hinaus ging, da brannte schon die halbe Stadt. Ich ging heim und schaute, was bei uns los war. Eine Bombe hatte unser Haus getroffen. Zum Glück° brannte es nicht. Aber dafür war ein Unglück geschehen, da meine Mutter ums Leben gekommen war°, denn sie war zu Hause geblieben.

**Zum Glück:** *fortunately*
**ums Leben gekommen war:** *had died*

Mein Vater war bei der Arbeit. Ich lief zu ihm und erzählte ihm, dass die Mutter tot sei. Da rollten ihm schon die Tränen° aus den Augen. Er ging nach Hause. Am nächsten Tag wurde meine Mutter begraben°.

*tears*
*buried*

## Zum Schreiben

D. **Schriftliche Zusammenfassung.** Fassen Sie in vier Sätzen den Schüleraufsatz zusammen. Lassen Sie sich von den folgenden Fragen leiten:

1. Was ist am 1. März passiert?
2. Was hat das Kind getan?
3. Was ist zu Hause passiert?
4. Was ist am nächsten Tag passiert?

_____
_____
_____
_____
_____
_____

[1] Heer, Hannes, Hrsg. *Als ich 9 Jahre alt war, kam der Krieg: Schüleraufsätze 1946, Ein Lesebuch gegen den Krieg.* Köln: Prometh Verlag, 1980, 112. Der hier abgedruckte Text enthält leichte Veränderungen.

## Writing Strategy: Use the Perfect Tense for Conversation

When you write about the past be sure to use the verb tense appropriate for the situation. Use the perfect tense for conversational settings and the preterite (also called the imperfect or simple past) for extended narrative. When constructing the perfect tense be sure to use the auxiliary verb **sein,** not **haben,** with intransitive verbs (e.g., verbs expressing motion).

For general writing strategies refer to "Stages in the Writing Process" on p. 3.

E. **Aufsatz.** Schreiben Sie über eines der folgenden Themen. Schreiben Sie in Form eines Interviews fünf bis sieben Fragen und Antworten, so dass Sie das Perfekt mehrmals benutzen können. Beziehen Sie sich auf die Informationen im Lehrbuch, auf den Schüleraufsatz oben und auf Ihre eigene Erfahrung.

1. Schreiben Sie über die Nürnberger Schüler und Schülerinnen und ihre Kriegserlebnisse. Überlegen Sie sich z.B. folgende Themen:
   - Welcher Krieg war das und wann?
   - Wie sind die Schulkinder dazu gekommen, die Aufsätze zu schreiben?
   - Von welchen Erlebnissen berichten die Kinder in den Aufsätzen, die Sie gelesen haben?
   - Vergleichen Sie die Erlebnisse der beiden Kinder.
   - Warum haben die Kinder gerade von *diesen* Erlebnissen berichtet?
   - Was denken Sie von den Erlebnissen der Kinder und wie sie darüber berichten?
   - Was halten Sie von einer Hausaufgabe, die die Schüler und Schülerinnen dazu bringt, über traumatische Erfahrungen zu berichten?

2. Schreiben Sie einen Text mit dem Titel „Die Stadt Nürnberg gestern und heute". Informieren Sie sich über Nürnberg aus Büchern und aus Quellen, die Sie im Internet finden. Sie können sich auch Video *Impulse, Bericht A* anschauen. Überlegen Sie sich z.B. folgende Themen:
   - Die Kriegserlebnisse der Schulkinder
   - Die Kultur und Geschichte der Stadt
   - Nürnberg als Heimat von berühmten Künstlern wie Albrecht Dürer (1471–1528)
   - Nürnberg als Ort des Reichsparteitagsgeländes der Nazis im Dritten Reich
   - Nürnbergs international bekannter Christkindlmarkt
   - Nürnberg als wichtige Industrie- und Messestadt

Name _____   Date _____

# Kapitel 3 – Tanzen, Trinken, Fahren

## Zum Lesen

**A. Lesestrategie: Verbindungen zwischen den Absätzen.** Oft benutzt ein Autor/eine Autorin in einem Absatz ein Wort, das sich auf den Gedanken im vorhergehenden° Absatz bezieht°. Das Wort dient als Verbindung zwischen den Absätzen. Sehen Sie sich die Texte in Übung C an, um die folgenden Verbindungen zu bestimmen.   *preceding / refers*

1. Im ersten Text, „Nächtliche° Freizeitunfälle junger Fahrerinnen und Fahrer", steht im zweiten Absatz das Wort „Erhebungsintervall". Worauf bezieht sich das Wort im vorhergehenden Absatz?   *nighttime*
    a. Unfälle
    b. den Zeitraum von September bis November 1995
    c. die Straßen der Bundesrepublik

2. Im zweiten Text beginnt Klaus-Peter Becker den zweiten Absatz mit dem Ausdruck „0,8 Promille". Auf welchen Ausdruck im vorhergehenden Absatz bezieht sich „0,8 Promille"?
    a. wissenschaftlich genau
    b. Gramm pro Mille
    c. ein Gramm Alkohol

**B. Über Geschehenes berichten (Präteritum).** Weil Horst Schulze über etwas bereits Geschehenes berichtet, benutzt er mehrmals das Präteritum. Schreiben Sie die sechs Beispiele von Verben auf, die im Präteritum stehen.

1. _____   4. _____
2. _____   5. _____
3. _____   6. _____

**C. Lesetexte.** Lesen Sie die beiden Texte zum Thema Alkohol am Steuer. In dem ersten Text[1] berichtet Horst Schulze über Freizeitunfälle und in dem zweiten erklärt Klaus-Peter Becker den Begriff „Promille"[2].

### Nächtliche Freizeitunfälle junger Fahrerinnen und Fahrer
*Horst Schulze*

In Wiederholung einer Erhebung° aus dem Jahr 1988/89 wurden alle schweren Unfälle junger Fahrer analysiert, die sich im Rahmen° des nächtlichen Freizeitgeschehens° im Zeitraum von September bis November 1995 auf den Straßen der Bundesrepublik ereignet° haben. [...]   *investigation / context / leisure activity / occurred*

5  Während des dreimonatigen Erhebungsintervalls wurden 359 Unfälle gemeldet°, die dem Kriterium „nächtlicher Freizeitunfall" entsprachen° und an denen junge Erwachsene bis zum Alter von 34 Jahren beteiligt waren. [...]   *reported / fit*

---

[1] Schulze, Horst. "Nächtliche Freizeitunfälle junger Fahrerinnen und Fahrer." *Mensch und Sicherheit*, Heft M 91: Berichte der Bundesanstalt für Straßenwesen, Bergisch Gladbach: Bundesanstalt für Straßenwesen, 1998, 3, 13.
[2] Becker, Klaus-Peter. *Alkohol im Straßenverkehr: Meine Rechte und Pflichten*. München: Deutscher Taschenbuch Verlag, 1993, 39, 41, 59.

Bei jedem zweiten untersuchten Unfall wurde Alkoholkonsum als Unfallursache° benannt (50,4%). [...] Die ... durchschnittliche° Blutalkoholkonzentration betrug° 1,3 Promille.

*cause of the accident / average*
*was*

## Was heißt Promille
*Klaus-Peter Becker*

Wissenschaftlich° genau und exakt ist die Bezeichnung° [Promille] „Gramm pro Mille". Mit jedem in Promille ausgedrückten° Blutalkoholwert wird jeweils die in Tausend Milliliter Blut enthaltene° Alkoholmenge in Gramm ausgedrückt. Das Ergebnis 1,0 Promille besagt, dass der Gehalt des Blutes an reinem° Alkohol 1 zu 1 000 beträgt°, dass also in jedem Liter Blut ein Gramm Alkohol enthalten ist. [...]

Bei 0,8 Promille ist die Mehrzahl° aller Kraftfahrer° außerstande°, sicher zu fahren und die eigene Fahruntauglichkeit° selbst zu bemerken. [...] Obwohl der Bereich° der Alkoholkonzentration zwischen 0,6 und 0,7 Promille aus naturwissenschaftlicher Sicht° als Gefahrengrenzwert° nicht überschritten° werden sollte, hat der Gesetzgeber° den Grenzwert auf 0,8 Promille [das „0,8 Promille-Gesetz"[3]] festgesezt°.

*scientifically / term*
*expressed*
*contained*
*pure*
*is*
*majority / motor vehicle drivers / incapable / unfitness to drive*
*level*
*view / danger limit / exceeded*
*legislature*
*set*

## Zum Schreiben

**D. Schriftliche Zusammenfassung.** Fassen Sie die beiden Texte in vier Sätzen zusammen. Lassen Sie sich von den folgenden Fragen leiten:

1. Was hat man analysiert?
2. Was hat man durch die Analyse herausgefunden?
3. Was heißt „1,0 Promille"?
4. Warum ist 0,8 Promille ein wichtiger Grenzwert für Kraftfahrer?

_____
_____
_____
_____
_____
_____
_____

---

[3]Seit dem 1.5.1998 gilt, dass auch schon ab 0,5 Promille eine Geldstrafe von 200 DM gezahlt werden muss. Von 0,8 bis 1,1 Promille gibt es wie bisher einen Monat Fahrverbot und Geldbuße. Bei mehr als 1,1 Promille wird der Führerschein weggenommen und es kommt zu einem Prozess.

## Writing Strategy: Use the Preterite Tense for Narration

When you write about the past be sure to use the verb tense appropriate for the situation. Use the preterite (also called the imperfect or simple past) for extended narrative, such as recounting how something happened. Use the perfect tense for conversational settings embedded within the account. Pay attention to the preterite verb forms. Remember, for example, that irregular verbs in the imperfect third person singular do not add a **t** (e.g., **kam, sprach, fuhr**).

For general writing strategies refer to "Stages in the Writing Process" on p. 3.

**E. Aufsatz.** Schreiben Sie einen Bericht über eines der folgenden Themen. Benutzen Sie das Präteritum so oft wie möglich. Beziehen Sie sich auf die Informationen im Lehrbuch, auf die Texte oben, auf Video *Impulse*, *Bericht B* und auf Ihre eigene Erfahrung.

1. Beschreiben Sie in einem Aufsatz von etwa zehn Sätzen das Programm, das der ADAC entwickelt hat, um darzustellen, dass „Musik plus Alkohol plus Autofahren eine brisante Mischung darstellen". Überlegen Sie sich folgende Fragen:
   - Was ist ein Discounfall und warum ist er besonders gefährlich?
   - Was hat eine bundesweite Totalerhebung im Zusammenhang mit nächtlichen Freizeitunfällen ermittelt?
   - Warum waren die jungen Kraftfahrer/Kraftfahrerinnen im Disco-Video-Experiment außerstande, sicher zu fahren?
   - Warum hat sich der ADAC für ein Video-Projekt entschieden?
   - Wie hat der ADAC das Experiment ausgeführt?
   - Welche Wirkung hatte das Projekt auf die Jugendlichen?

2. Wie hat man schon versucht, Ihnen klar zu machen, dass Alkohol am Steuer gefährlich ist? Schreiben Sie einen Bericht von etwa zehn Sätzen über Ihre Erfahrung. Überlegen Sie sich folgende Fragen:
   - Hat eine Organisation ein Programm für junge Leute veranstaltet oder einen Film gezeigt?
   - Haben Sie schon in der Schule, auf der Universität oder in Ihrer Stadt eine Aktion gegen Alkohol am Steuer miterlebt?
   - Haben Sie eine besondere Fernsehsendung gesehen?
   - Haben Sie Artikel oder Broschüren über das Problem gelesen?
   - Wie haben Sie auf die Informationen reagiert?
   - War der Versuch, Sie aufzuklären, effektiv?

Name _____  Date _____

# Kapitel 4 – Das Gummibärchen

## Zum Lesen

**A. Lesestrategie: Intention und Struktur erkennen.** Man versteht einen Text besser, wenn man weiß, welche Intention der Autor/die Autorin damit verbindet. Will er/sie erklären, erzählen, beschreiben oder überzeugen? Die Antwort liegt in der Struktur des Textes. Sehen Sie sich den Lesetext flüchtig an, um die folgenden Fragen über die Struktur und Intention des Lesetextes in Übung C zu beantworten.

1. Weil der Text ein Gespräch zwischen Herrn Gindler und Herrn Riegel wiedergibt, weiß man schon, dass eine bestimmte Zeitform des Verbes zu erwarten ist. Sie ist das:

   _____ a. Präteritum

   _____ b. Perfekt

   _____ c. Futur

2. Welche Form benutzt Herr Riegel am meisten in seinen Antworten?

   _____ a. die 1. Person (ich)

   _____ b. die 2. Person (du)

   _____ c. die 3. Person Singular (er, sie, es)

3. In welche Rubrik gehört die Intention des Autors, Herrn Gindler, wohl am besten?
   a. Eine Beschreibung: Man beschreibt z.B. eine Szene oder ein Bild, so dass der Gegenstand den Lesern lebendig scheint.
   b. Eine Erklärung: Man informiert, illustriert, beantwortet die Frage „Warum?" und gibt Fakten und Gründe an, so dass es den Lesern klar wird.
   c. Eine Erzählung: Man gibt in Worten wieder, wie etwas geschehen ist, man stellt ein Nacheinander von Ereignissen dar und die Darstellung hat einen Anfang, eine Mitte und ein Ende.
   d. Ein Argument: Man begründet seine Meinung, um die Leser zu überzeugen.

**B. Temporaladverbien, temporale Konjunktionen und Zeitausdrücke.** Mit Temporaladverbien (z.B. **dann**), temporalen Konjunktionen (z.B. **nachdem**) und anderen Zeitausdrücken (z.B. **nächste Woche**) lassen sich Vorgänge beschreiben und temporale Zusammenhänge darstellen. Achten Sie auf den Gebrauch von temporalen Ausdrücken im Interview. Ergänzen Sie diese Sätze mit Ausdrücken aus dem Text.

*LM life:* _____ Ihr Vater starb, waren Ihr Bruder und Sie _____ in Kriegsgefangenschaft. Wie ging es mit dem vom Krieg gehandikapten Unternehmen HARIBO weiter, _____ Sie nach Hause zurückkehrten?

*Dr. Riegel:* _____ hat meine Mutter die Firmenleitung übernommen. _____ kam ich nach Bonn zurück, _____ mein Bruder.

**C. Lesetext.** Lesen Sie die folgenden Auszüge aus einem Interview mit dem Leiter der Firma HARIBO, Dr. Hans Riegel. Frank J. Gindler, Chefredakteur der Zeitschrift *LM life*, hat das Interview[1] geführt.

---

[1]Gindler, Frank J. "Das wahre Märchen vom Gummibärchen." *LM life*, 2/1992, LFG-Verlag, Germany, 2–3.

# Interview mit Dr. Riegel
*Frank J. Gindler*

**LM life:** Als Ihr Vater starb, waren Ihr Bruder und Sie noch in Kriegsgefangenschaft°. Wie ging es mit dem vom Krieg gehandikapten Unternehmen HARIBO weiter, als Sie nach Hause zurückkehrten?

**in Kriegsgefangenschaft sein:** *to be a prisoner of war*

**Dr. Riegel:** Am Anfang hat meine Mutter die Firmenleitung übernommen. Im Mai 1946 kam ich nach Bonn zurück, sechs Monate später mein Bruder. Ich habe mich schnell in die Welt des „Bonbonmenschen" eingearbeitet, in die kaufmännische Betriebs- und Unternehmensführung°, Marketing usw. ...

**kaufmännische Betriebs- und Unternehmensführung:** *business and corporate management*

**LM life:** Sie waren damals noch ziemlich jung. ...

**Dr. Riegel:** Ich habe das Unternehmen mit 23 Jahren übernommen. Mein Vater hatte früher gesagt, er würde es gerne sehen, wenn einer seiner Söhne den Doktortitel macht. Diesen Wunsch habe ich ihm erfüllt. Neben der Führung der Firma habe ich in Bonn Volkswirtschaft° studiert, erst habe ich das Diplom gemacht, ein Jahr später habe ich – Thema Weltzuckerwirtschaft° – promoviert°. ...

*economics*
*worldwide sugar industry*
*received a doctorate*

**LM life:** [Es] ist bekannt, dass Sie sich sportlich sehr engagieren. Oder kommen private Aktivitäten bei all der Arbeit zu kurz?

**Dr. Riegel:** Sicher habe ich private Interessen. Ich gehe gern zur Jagd°, spiele Badminton und Tennis. ... Mein Privatleben kommt eigentlich nicht zu kurz. Manchmal wäre ich froh, etwas weniger in Terminnot° zu sein, um besser koordinieren zu können.

**gehe zur Jagd:** *go hunting*

**in Terminnot:** *under pressure of deadlines*

**LM life:** Wer soll denn später mal die Unternehmensführung übernehmen, Sie sind zwar sicherlich kein Mann, der mit 65 in Rente° geht, aber einen Nachfolger° muss es doch geben?

**in Rente gehen:** *to retire*
*successor*

**Dr. Riegel:** Mit 65 in Rente zu gehen sieht schlecht aus, da ich bereits im 68sten Lebensjahr bin. ... Für entsprechende° Nachfolger sorgt mein Bruder Paul. ... Sein Sohn Hans-Jürgen verdient sich bereits die ersten Sporen°. Er ist Betriebswirt° und arbeitet bei einer Tochterfirma als Verkaufsleiter.

*appropriate*
*spurs*
**Er ist Betriebswirt:** *He has a degree in business management*

**LM life:** Mal ganz was anderes°. Wer hat eigentlich den genialen Slogan: HARIBO macht Kinder froh ... usw. erfunden?

**Mal ganz was anderes:** *Now something entirely different*

**Dr. Riegel:** „Lassen Sie sich etwas einfallen!°" Damit beauftragte° mein Vater in den dreißiger Jahren einen durchreisenden Werbetexter°. Dessen Idee war Gold wert. „HARIBO macht Kinder froh" pinselte° er in großen Lettern an die Schaufenster der kleinen Kessenicher Verkaufsstelle°. „Und Erwachsene° ebenso" war dann das persönliche Bekenntnis° des damaligen HARIBO-Werbeleiters und Süßigkeiten-Fans Fred Friedmeyer in den sechziger Jahren. ...

**Lassen Sie sich etwas einfallen:** *Come up with something / commissioned / advertising copywriter / painted*
*sales place / grown-ups*
*confession*

*LM life:* Herr Dr. Riegel, eine Frage noch zum Abschluss°. Was möchten Sie gerne noch erreichen°? Oder können Sie sich mit dem, was Sie in ihrem bisherigen Leben geleistet haben, gelassen° zur Ruhe setzen?

*Dr. Riegel:* Ich möchte gesund bleiben und ein hohes Alter erreichen. Ziele steckt man sich° im Laufe des Arbeitslebens. Was ich gerne noch erreichen würde, ist eine europaweite Durchsetzung° von HARIBO wie in der Bundesrepublik und in Dänemark. Außerdem wäre noch ein Ziel, in Amerika Ware zu produzieren.

**zum Abschluss:** *in closing*
*achieve*
*calmly*

**man steckt sich Ziele:** *one sets goals for oneself*

*success*

## Zum Schreiben

**D. Schriftliche Zusammenfassung.** Fassen Sie in vier Sätzen das Interview zusammen. Lassen Sie sich von den folgenden Fragen leiten.

1. Wann ist Hans Riegel Leiter der Firma geworden?
2. Über welche anderen Themen stellt Herr Gindler Fragen?
3. Was erzählt Hans Riegel von dem HARIBO-Slogan?
4. Welche Wünsche hat er?

_____
_____
_____
_____
_____
_____
_____

## Writing Strategy: Link Sentences and Paragraphs with Expressions of Time

To help your sentences flow smoothly, begin them, as appropriate, with expressions of time like **bald, danach, dann, erstens/zweitens/drittens, schließlich, später, zuerst.** Use such expressions, as appropriate, in the first sentences of paragraphs in order to establish logical links between paragraphs.

For general writing strategies refer to "Stages in the Writing Process" on p. 3.

**E. Aufsatz.** Machen Sie eine der folgenden Aufgaben. Verwenden Sie Temporaladverbien, temporale Konjunktionen und andere Zeitausdrücke. Beziehen Sie sich auf die Informationen im Lehrbuch, auf das Interview oben und auf Ihre eigene Erfahrung.

1. Schreiben Sie einen Aufsatz von etwa zehn Sätzen über die Firma HARIBO. Überlegen Sie sich folgende Fragen:
   - Wie ist die Geschichte der Firma?
   - Was produziert die Firma?
   - Wie groß ist die Firma heute?
   - Welche Interessen und Hoffnungen hat der Firmenleiter Dr. Hans Riegel?
   - Wie sieht die Zukunft der Firma aus?

2. Schreiben Sie ein Interview von etwa fünf Fragen und Antworten auf. Wählen Sie ein Thema, für das Sie sich interessieren, z.B. „Gummibärchen", „Süßigkeiten", „Internationale Firmen", „Ein Sommerjob". Führen Sie das Interview mit einem Freund/einer Freundin, einem Professor/einer Professorin usw. und machen Sie sich Notizen. Schreiben Sie dann die Fragen und Antworten auf. Wenn Sie das Interview auf Englisch führen, müssen Sie den Text natürlich ins Deutsche übersetzen.

Name _____     Date _____

# Kapitel 5 – Aids

## Zum Lesen

**A. Lesestrategie: Nicht stoppen.** Beim ersten Lesen stoppt man nicht bei jedem unbekannten Wort, sondern konzentriert sich auf das, was man schon verstehen kann. Sehen Sie sich den Lesetext in Übung C flüchtig an, um festzustellen, welche Begriffe in der linken und rechten Spalte zusammenpassen.

____ 1. „Careless Love"                         a. ob und wie sie sich vor Aids schützen

____ 2. eine Barriere brechen                   b. Der Titel hat ja [eine] Doppelbedeutung

____ 3. nicht einmal über dieses Thema sprechen  c. Schutz für dich und auch für mich

____ 4. eine Gruppe von Jugendlichen gefragt     d. indem sie über solche Themen sprechen

____ 5. warum ich das mache                      e. ganz viel Angst da

**B. Negation.** Lesen Sie den Lesetext flüchtig durch, um die folgenden Sätze aus dem Lesetext mit den Ausdrücken der Negation, die im Text stehen, zu ergänzen.

1. Ich glaube, wenn 16-jährige _____ einmal über dieses Thema sprechen können, dann kann es mit der Liebe auch noch _____ so weit her sein.
2. Ich würde _____ daran denken ...
3. Es ist selbstverständlich, dass er _____ Aids hat.
4. Ich würde das heute _____ mit mir machen lassen.
5. Ich habe vor, mich jetzt testen zu lassen, _____ nur, um mich selbst zu schützen ...
6. Ich habe _____ erklären müssen ...

**C. Lesetext.** Lesen Sie die folgenden Auszüge aus *Das Anti Aids Buch*,[1] das Jugendliche über Aids aufklären will. Der Text ist ein Bericht über Interviews von zwei Popsängerinnen und von einer Gruppe von Jugendlichen in einer Disco.

### Das Anti Aids Buch
*Hrsg. Stefanie Tücking & Kai Böcking*

*Inga und Anete Humpe*

**Inga und Anete, ist euer Song „Careless Love" auch ein Lied über AIDS?**

*Inga Humpe:* „Wir haben ‚Careless Love' ohne jeglichen Bezug° zum Thema       °connection
    Aids geschrieben. Aber das Thema hat uns dann eingeholt°. Der Titel hat ja    **hat uns eingeholt:** *caught up*
5   die Doppelbedeutung ‚sorglose° Liebe' wie auch ‚nachlässige° Liebe'. Darum       *with us* / *carefree* / *careless*
    geht es ja."

**Kann man sich denn heutzutage noch völlig sorglos verlieben?**

*Anete Humpe:* „Ich kann mir vorstellen, dass sich zwei junge Leute, wenn sie
    sich zum ersten Mal verlieben, sogar eine Barriere brechen und sich näher-

[1]Tücking, Stefanie und Kai Böcking, Hrsg. *Das Anti Aids Buch.* Frankfurt/Main: Fischer Taschenbuch Verlag GmbH, © 1990, 16–17, 54–58.

kommen, indem sie über solche Themen sprechen. Denn damit beweisen° sie sich ja schon einmal Vertrauen°. Ich glaube, wenn 16-jährige nicht einmal über dieses Thema sprechen können, dann kann es mit der Liebe auch noch gar nicht so weit her° sein. Denn dann ist ja noch ganz viel Angst da. Das wäre das Erste, was ich tun würde, wenn ich 16 wäre – zu gucken°: Kann ich überhaupt mit diesem Jungen reden?"

*demonstrate*
*trust*

**kann es ... her sein:** *the love can't be that serious / take a look*

## Schutz vor Aids

Wir haben ein zweites Mal – diesmal in einer Disco – eine Gruppe von Jugendlichen gefragt, ob und wie sie sich vor Aids schützen. Hier ihre Antworten:

*Barbara, 17 Jahre:* „Ich würde gar nicht daran denken, irgend jemanden zu fragen, ob er Aids hat. Es ist selbstverständlich, dass er kein Aids hat. Ich meine, für mich ist das ganz normal."

*Meryan, 19 Jahre:* „Man sollte den Freund erst einmal kennen, sehr gut kennen. Das ist der beste Schutz, finde ich."

*Christiane, 19 Jahre:* „Ich denke ähnlich wie sie. Ich habe schon ziemlich schlechte Erfahrungen gemacht. Vor drei Jahren bin ich öfters mal, wie man so schön sagt, in der Disco abgeschleppt° worden. ... Ich würde das heute nie mehr mit mir machen lassen. Ich habe vor, mich jetzt testen zu lassen, nicht nur, um mich selbst zu schützen, sondern auch andere."

*picked up*

*Stefan, 20 Jahre:* „Ich habe noch nie erklären müssen, warum ich Kondome benutze, weil eigentlich jedes Mädchen relativ gut aufgeklärt° ist. Selbst wenn sie fragen sollte, warum ich das mache, würde ich ihr sagen, das ist ein Schutz für dich und auch für mich. [...]"

*informed*

*Werner, 22 Jahre:* „Treu° sein, ganz einfach."

*faithful*

# Zum Schreiben

**D. Schriftliche Zusammenfassung.** Fassen Sie den Lesetext in zwei Sätzen zusammen. Lassen Sie sich von den folgenden Fragen leiten:

1. Was raten die Sängerinnen Inga und Anete Humpe den Jugendlichen?
2. Worüber haben die Jugendlichen in der Disco geredet?

_____
_____
_____
_____

## Writing Strategy: Think in German

Just as in reading you should focus first on what you know, so, too, in writing, you should use as your point of departure the German vocabulary and structures you know rather than your English. Also, a good strategy for practicing German structures and avoiding the pitfalls of translation is to use or adapt phrases and structures you find in German sources.

For general writing strategies refer to "Stages in the Writing Process" on p. 3.

**E. Aufsatz.** Machen Sie eine der folgenden Aufgaben. Beziehen Sie sich auf die Informationen im Lehrbuch, auf den Lesetext oben, auf Quellen, die Sie im Internet finden, und auf Ihre eigene Erfahrung. Versuchen Sie, Ihre Sätze mit Vokabeln, Ausdrücken und Strukturen zu formulieren, die Sie schon kennen.

1. Schreiben Sie einen Aufsatz von etwa zehn Sätzen über Aids. Überlegen Sie sich die folgenden Fragen:
   - Was ist Aids und warum ist die Krankheit so gefährlich?
   - Warum ist die Aufklärung über Aids wichtig?
   - Wie kann man sich vor Aids schützen?
   - Was sagen Jugendliche auf die Frage, ob und wie man sich vor Aids schützen sollte.
   - Was sind die Erfahrungen eines Menschen, der, wie Johanna Schmidt, HIV-positiv ist?

2. Schreiben Sie einem jüngeren Bruder, einer jüngeren Schwester oder einem Freund/einer Freundin einen Brief von etwa zehn Sätzen über das Thema „Schutz vor Aids". Überlegen Sie sich folgende Fragen:
   - Warum schreiben Sie über das Thema?
   - Was würden Sie raten und warum?
   - Auf welche besonderen Informationen oder Erfahrungen können Sie sich beziehen?

Name _____ Date _____

# Kapitel 6 – Die Wiedervereinigung

## Zum Lesen

**A. Lesestrategie: Zentrale Ideen feststellen.** Der erste Satz eines Absatzes ist oft der zentrale Gedanke. Lesen Sie den ersten Satz von jedem Absatz im Lesetext in Übung C und entscheiden Sie, welche Thematik man für den Absatz erwarten kann.

1. Im ersten Absatz:

   _____ a. Eine Erklärung der Schwierigkeit, Leute kennen zu lernen

   _____ b. Die Beschreibung einer Freundschaft im Westen

2. Im zweiten Absatz:

   _____ a. Ein Beispiel der Veränderungen

   _____ b. Situationen, in denen es keine Veränderungen gibt

3. Im dritten Absatz:

   _____ a. Eine Beschreibung ihres Studiums

   _____ b. Ein Vergleich der Professoren im Osten und Westen

**B. Begriffe im Lesetext.** In der linken Spalte sind Begriffe aus dem Lesetext und in der rechten Spalte sind andere Ausdrücke dafür. Bestimmen Sie, welche Begriffe und Ausdrücke am besten zusammenpassen.

_____ 1. an Leute herankommen          a. Studenten/Studentinnen

_____ 2. exotisch                       b. mächtiger als Menschen

_____ 3. sich trauen                    c. andere ansprechen

_____ 4. eng                            d. wagen

_____ 5. Studis                         e. nicht breit/nicht weit

_____ 6. Halbgötter                     f. anders als andere

**C. Lesetext.** 1996 hat Kerstin Anja Schmelzer Studenten aus Ostdeutschland befragt, wie sie die Jahre seit der Vereinigung empfunden haben[1]. Lesen Sie die Äußerungen der Studentin Anja Poller.

### Ost oder West – was macht das schon?
*Kerstin Anja Schmelzer*

> **Anja Poller (24) aus Bautzen, Universität Nürnberg:**
> „Also, ich fand es im Westen schwerer, an die Leute ranzukommen, schwerer, Leute kennen zu lernen. 1991 in Passau hatte ich noch den Exotenstatus: ‚Oh, ein Ossi', ungeschrieben stand da oft ‚Nicht ansprechen, könnte beißen!' dahinter.

---

[1] Schmelzer, Kerstin Anja. "Ost oder West – was macht das schon?" In *Semester Tip*, Deutsches Studentenwerk, Hrsg., Nr. 5, 10. Jhrg., Oktober 1996, 14.

**22** IMPULSE

> Ich merk' aber vor allem an mir selbst die gewaltigen° Veränderungen der letzten Jahre, das Zusammenwachsen. Wenn andere sich vorstellen: ‚Ich komm' aus Bayern', dann sag ich ganz stolz: ‚Und ich komm' aus Sachsen', das trau ich mich° jetzt eben.
>
> In der DDR war die Uni sehr schulisch aufgebaut und sehr straff° organisiert, es gab lauter Pflichtveranstaltungen° und Tutorate°, aber auch einen sehr engen Kontakt zum Prof. Die kannten alle ihre Studis mit Namen. Hier im Westen sind die Professoren dagegen richtige Halbgötter und ich würde nie wagen, die unaufgefordert° anzusprechen."

*tremendous*

**trau ich mich:** *I dare*

*strictly*
*required events / classes with expected participation*

*without being asked*

## Zum Schreiben

**D. Schriftliche Zusammenfassung.** Fassen Sie den Lesetext in vier Sätzen zusammen. Benutzen Sie in mindestens zwei Sätzen ein Relativpronomen. Lassen Sie sich von den folgenden Fragen leiten:

1. Wer berichtet über ihre Erfahrungen?
2. Was hat sie am Anfang erlebt?
3. Wie hat sich die Situation verändert?
4. Welche Vergleiche zieht sie zwischen den Universitäten im Osten und Westen?

_____
_____
_____
_____
_____
_____

### Writing Strategy: Organize by Topic and Supporting Sentences

Just as the reader looks for the main idea of a paragraph, the writer must provide one. The main idea of a paragraph is expressed in the topic sentence, which is normally the first or last sentence of a paragraph. The other sentences in the paragraph pertain to and support the topic sentence by giving illustrations and examples, providing quotes or adding other evidence. Each paragraph in an essay contains a topic sentence and supporting sentences.

Refer to the general writing strategies, "Stages in the Writing Process" on p. 3, paying special attention to stages "4. Pinpoint Your Purpose," and "5. Create Paragraphs."

**E. Aufsatz.** Machen Sie eine der folgenden Aufgaben. Beziehen Sie sich auf die Informationen im Lehrbuch und auf den Lesetext oben. Informieren Sie sich auch aus anderen Büchern, z.B. einem Geschichtsbuch, und nutzen Sie die Möglichkeiten des Internet.

1. Schreiben Sie einen Aufsatz von etwa zehn Sätzen über die Wiedervereinigung. Teilen Sie Ihren Aufsatz in Absätze ein und beachten Sie, dass jeder Absatz einen Satz mit dem Leitgedanken enthält. Überlegen Sie sich die folgenden Fragen:
   - Welche historischen Ereignisse führten zu der Teilung Deutschlands?
   - Was war die Wiedervereinigung?
   - Was hat man am 9. und 10. November 1989 erlebt?

- Welche Entwicklungen hat es seit 1989 gegeben?
- Wie ist die Einstellung der West- und Ostdeutschen zueinander?
- Was haben deutsche Jugendliche zu der Wiedervereinigung gesagt?
- Wie sieht die Zukunft aus?

2. Schreiben Sie einem Freund/einer Freundin einen Brief von etwa zehn Sätzen. In dem Brief wollen Sie Ihren Freund/Ihre Freundin überreden, mit Ihnen eine Reise in die neuen Bundesländer zu machen. Überlegen Sie sich folgende Fragen:
   - Für welche Veränderungen im Osten interessieren Sie sich?
   - Mit welchen Menschen – z.B. Jugendliche, Studenten/Studentinnen, Arbeiter/Arbeiterinnen, Politiker/Politikerinnen – möchten Sie sich unterhalten?
   - Haben Sie Verwandte in den neuen Bundesländern oder kennen Sie jemanden dort?
   - Welche Bundesländer oder Städte möchten Sie besuchen?
   - Was wissen Sie von den Entwicklungen seit 1989 in Berlin?
   - Wie lange möchten Sie sich in der neuen Hauptstadt Deutschlands, Berlin, aufhalten, was möchten Sie dort sehen und warum?

Name _____  Date _____

# Kapitel 7 – Als Arzt in Afrika

## Zum Lesen

**A. Lesestrategie: Den ganzen Satz lesen.** Wenn man im Deutschen einen Satz liest, sollte man erst einmal den ganzen Satz durchlesen, denn sehr oft steht in letzter Wortstellung eine wichtige Verbalkonstruktion. Achten Sie im folgenden Lesetext in Übung D auf die am Schluss stehenden Infinitivkonstruktionen und schreiben Sie sie hier auf.

**ZUM BEISPIEL**

Der Mensch muss lernen,

a. _mit der Natur umzugehen,_

b. _ohne sie zu zerstören._

1. ... er ist auch in der Lage,

   a. _____

   b. _____

2. Mit verbesserten Methoden in Viehzucht und Ackerbau lernen die Bauern,

   a. _____

   b. _____

**B. Begriffe im Artikel.** In der linken Spalte sind Begriffe aus dem Artikel, in der rechten Spalte sind andere Ausdrücke dafür. Bestimmen Sie, welche Begriffe und Ausdrücke am besten zusammenpassen.

____ 1. langjährig                a. die Landwirtschaft

____ 2. ländlich                  b. besteht schon seit vielen Jahren

____ 3. neue Ideen und Ansätze    c. wie man handelt, wie man sich benimmt

____ 4. Vertreter                 d. neue Vorstellungen und Versuche

____ 5. die Desertifikation       e. auf dem Land, nicht in der Stadt

____ 6. das Verhalten             f. das Fortschreiten der Wüste

____ 7. der Ackerbau              g. Repräsentanten

**C. Fragen stellen.** Unten steht ein Satz aus dem Lesetext. Schreiben Sie die Frage auf, deren Antwort in dem unterstrichenen Satzteil steht. Achten Sie darauf, dass Sie das richtige Fragewort benutzen.

**ZUM BEISPIEL**

<u>Der Mensch</u> muss lernen, <u>mit der Natur umzugehen</u> ...

1. _Wer muss lernen, mit der Natur umzugehen?_

2. _Was muss der Mensch lernen?_

**26** IMPULSE

Mit verbesserten Methoden in Viehzucht und Ackerbau lernen die Bauern, sich dem empfindlichen Ökosystem der Sahelzone anzupassen ...

1. _____
2. _____
3. _____

**D. Lesetext.** Lesen Sie die folgende Erklärung eines Entwicklungshilfeprojektes in der Sahel-Region Westafrikas, wo die Sahara-Wüste immer weiter in Richtung Süden wächst.[1]

### Ökologischer Landbau° im Sahel: Partnerschaftsprojekt Burkina Faso
*Bernd V. Dreesmann*

Eine Kraft° erwächst aus der langjährigen Zusammenarbeit zwischen Dorfgemeinschaften° in Burkina Faso, dem Deutschen Entwicklungsdienst (DED), der Deutschen Welthungerhilfe und dem Deutschen Sahelprogramm (DSP) bei einem ländlichen Entwicklungsprogramm in den Sahelprovinzen des Landes. Diese Zusammenarbeit begann 1981, als Vertreter des DSP und des DED nach der Weltwüstenkonferenz von 1977 in Nairobi neue Ideen und Ansätze zur Desertifikationsbekämpfung° entwickelten. Um es auf den Punkt zu bringen: Der Mensch muss lernen, mit der Natur umzugehen, ohne sie zu zerstören°. Er ist mitverantwortlich° für das Fortschreiten der Wüste, aber er ist auch in der Lage°, aus vergangenen Fehlern zu lernen und sein Verhalten zu ändern.

Nach einem intensiven Dialog zwischen allen Beteiligten° entwickelte sich 1982 das Projekt: Mit verbesserten Methoden in Viehzucht° und Ackerbau lernen die Bauern, sich dem empfindlichen° Ökosystem der Sahelzone anzupassen° und zumindest das Fortschreiten der Wüste zu verhindern.

*farming*

*strength*
*village communities*

*fight against the growth of the desert / destroy*
*jointly responsible / **in der Lage:** in a position*

*those involved*
*cattle raising*
*delicate / to adapt*

## Zum Schreiben

**E. Schriftliche Zusammenfassung.** Fassen Sie den Lesetext in vier Sätzen zusammen. Lassen Sie sich von den folgenden Fragen leiten:

1. Wo ist das Projekt?
2. Wer arbeitet zusammen?
3. Welche Einsicht führte zu dem Projekt?
4. Welches Projekt entwickelte sich aus dieser Zusammenarbeit?

_____
_____
_____
_____

[1] Dreesmann, Bernd V. "Zu diesem Heft." In *Ökologischer Landbau im Sahel: Partnerschaftsprojekt Burkina Faso*. Deutsche Welthungerhilfe, Hrsg. Bonn, Berlin: Deutscher Entwicklungsdienst, September, 1987, 2.

## Writing Strategy: Include Questions

Never underestimate the power of good questions in your writing, because questions address the reader more directly than statements, stimulate the reader to think, and help the reader anticipate what is to come. For you, the writer, a question is a good means of introducing a point and consequently serves as an effective first sentence of a paragraph. Using questions in your writing can help you compose in a clearly organized fashion. Include at least one or two questions in your essay.

For general writing strategies refer to "Stages in the Writing Process" on p. 3.

**F. Aufsatz.** Machen Sie eine der folgenden Aufgaben. Beziehen Sie sich auf Informationen im Lehrbuch, auf den Lesetext oben und auf Ihre eigene Erfahrung. Informieren Sie sich auch aus anderen Büchern und nutzen Sie die Möglichkeiten des Internet.

1. Schreiben Sie einen Aufsatz von etwa zehn Sätzen über Entwicklungshilfe. Überlegen Sie sich folgende Fragen:
   - Wo und warum ist Entwicklungshilfe nötig?
   - Unter welchen Umständen° ist Entwicklungshilfe ein Erfolg?  *conditions*
   - Welche Probleme gibt es bei der Entwicklungshilfe?
   - Was ist der DED und welche Rolle spielt er?
   - Von welchen Beispielen der Entwicklungshilfe können Sie erzählen?

2. Schreiben Sie einen Aufsatz von etwa zehn Sätzen über Ihre eigene Erfahrung mit Entwicklungsländern. Überlegen Sie sich folgende Fragen:
   - Haben Sie in einem Entwicklungsland gelebt?
   - Können Sie von einem Menschen aus einem Entwicklungsland erzählen?
   - Waren Sie an einer Hilfsaktion für die Dritte Welt beteiligt°?  **beteiligt an sein:** *to be involved in*
   - Können Sie über ein Buch, einen Film oder einen Artikel über ein Entwicklungsland berichten?

Name _____ Date _____

# Kapitel 8 – Mit der Bahn durch Europa

## Zum Lesen

**A. Lesestrategie: Subjekt und Verb finden.** Wenn ein Hauptsatz nicht mit dem Subjekt beginnt, steht das Subjekt gleich hinter dem Verb. Unterstreichen Sie im Lesetext in Übung B alle Beispiele dieser Wortstellung – Satzelement vor dem Verb, Verb, Subjekt – in den Äußerungen von Susanne K. (ein Beispiel), Rainer S. (drei), Maria F. (drei), Lisa P. (drei) und Peter Sch. (sechs).

**ZUM BEISPIEL**

*Jens M. (20 Jahre):*   [D]a wollte ich jetzt erst 'mal 'was von Europa sehen.

**B. Lesetext.** Lesen Sie den folgenden Lesetext aus einem Bericht der Journalistin Sabine Schröder. Sie hat einige junge Rucksackreisende gefragt, welche Erfahrungen sie mit dem InterRail-Ticket gemacht haben.

### Meinungen zum InterRail-Ticket

*Jens M. (20 Jahre):*   Ich habe gerade mein Abitur gemacht, da wollte ich jetzt erst 'mal 'was von Europa sehen. Ich habe noch kein Auto, also war das InterRail-Ticket für mich die optimale Lösung. Ich bin zuerst durch Skandinavien gereist und von da aus dann 'runter bis Portugal gefahren. Geschlafen habe ich meistens im Zug, so spart man das Hotel.

*Susanne K. (19 Jahre):*   Ich bin mit meiner Freundin in den Süden gefahren. Spanien, Frankreich, Italien und Griechenland. Wir haben eine Menge gesehen in diesen vier Wochen. Wir haben auf Campingplätzen übernachtet, im Zelt. Das InterRail-Ticket war die billigste Lösung. Meine Freundin hat zwar ein Auto, aber in Südeuropa ist das Benzin so teuer.

*Rainer S. (25 Jahre):*   Ich werde im Dezember 26 Jahre alt, da wollte ich das InterRail-Ticket doch auch noch einmal nutzen. Ich bin in den Norden gefahren. Von Dänemark über Schweden und Norwegen nach Finnland. Es war traumhaft°. Übernachtet habe ich in kleinen Pensionen. Das Zugfahren war zwar billig, aber das Leben in diesen Ländern ist doch sehr teuer. Jetzt muss ich erst 'mal arbeiten gehen.   *like a dream*

*Maria F. (23 Jahre):*   Ich reise gern spontan, ohne genaue Pläne. Ich schmeiße einfach alles was ich brauche in meinen Rucksack, nehme mein Zelt und los geht's. Da ist das InterRail-Ticket genau das Richtige. Manchmal gehe ich einfach zum Bahnhof, gucke°, wohin der nächste Zug fährt, und das ist dann mein Reiseziel. So wird der Urlaub oft überraschend° schön.   *look* / *surprisingly*

*Lisa P. (22 Jahre):*   Ich liebe es, mit dem Zug zu fahren. Und mit einem InterRail-Ticket in der Tasche kann ich das voll genießen°. In Frankreich bin ich mit dem TGV gefahren. Das war toll, so schnell war ich noch nie im Süden.   *enjoy*

*Peter Sch. (24 Jahre):*   Vergangenes° Jahr bin ich mit dem Fahrrad durch die Niederlande gefahren. Das war auch toll, aber dieses Jahr wollte ich mehr von Europa sehen. Deshalb habe ich mir das InterRail-Ticket gekauft. Und dann   *last*

bin ich sogar bis Afrika gekommen, bis Marokko. Es war das erste Mal, dass ich auf einem anderen Kontinent Urlaub gemacht habe. Als ich auf die Fähre gegangen bin, war ich doch sehr nervös. Aber während der Fahrt hatten wir sehr viel Spaß auf dem Schiff.

## Zum Schreiben

C. **Schriftliche Zusammenfassung.** Fassen Sie den Lesetext in vier Sätzen zusammen. Lassen Sie sich von den folgenden Fragen leiten:

1. Worüber berichten diese Jugendlichen?
2. Was wissen wir über sie?
3. Warum haben sie das InterRail-Ticket gekauft?
4. Wohin sind sie gereist?

_____
_____
_____
_____
_____

### Writing Strategy: Concentrate on Verb Placement

Proper word order is a key to writing German well. Remember to keep the conjugated verb in second position in main (also called independent) clauses. Often the first position is occupied by the subject. However, the conjugated verb remains second even if the sentence begins with a small adverb like **da** or **so** (e.g., **Da ging ich zum Bahnhof.**), and it remains second even if the sentence begins with a long subordinate (dependent) clause (e.g., **Weil ich mir ein InterRail-Ticket für die kommenden Sommerferien kaufen wollte, ging ich zum Bahnhof.**). REMEMBER: If the subject is not first in a main clause, then it must be third.

For general writing strategies refer to "Stages in the Writing Process" on p. 3.

D. **Aufsatz.** Machen Sie eine der folgenden Aufgaben. Beachten Sie die Wortstellung des Verbes in den Hauptsätzen und beginnen Sie einige Sätzen nicht mit dem Subjekt. Beziehen Sie sich auf die Informationen im Lehrbuch, auf den Lesetext oben, auf Quellen, die Sie im Internet finden, und auf Ihre eigene Erfahrung.

1. Schreiben Sie einen Aufsatz von etwa zehn Sätzen über das Reisen mit dem InterRail-Ticket. Überlegen Sie sich die folgenden Fragen:
   - Wie ist die Geschichte des InterRail-Tickets?
   - Wer kann ein InterRail-Ticket kaufen und wie viel kostet es?
   - In welchen Ländern kann man mit einem InterRail-Ticket reisen?
   - Was sind die Vorteile einer Reise mit dem InterRail-Ticket?
   - Was sind typische Erfahrungen von jungen Rucksackreisenden mit dem InterRail-Ticket?

2. Wählen Sie ein Reisethema – z.B. Wochenendreisen, Familienreisen, Europareisen, Reisen mit der Bahn –, denken Sie sich fünf bis sieben Fragen aus und führen Sie mit drei oder vier Mitstudenten/Mitstudentinnen ein Interview über das Thema. Machen Sie sich Notizen und fassen Sie Ihren Bericht darüber auf Deutsch zusammen.

Name _____ Date _____

# Kapitel 9 – Amerikas Indianer

## Zum Lesen

**A. Lesestrategie: Das Verb *werden* richtig verstehen.** Es ist wichtig, die drei Funktionen von **werden** zu verstehen: als Verb in seiner Grundform, als Hilfsverb für das Futur und als Hilfsverb für das Passiv. Beantworten Sie die folgenden Fragen über **werden** als Hilfsverb für das Passiv.

1. Suchen Sie im Lesetext in Übung C vier Beispiele für das Passiv (eins mit einem Modalverb) und schreiben Sie die Verbkonstruktionen auf.

   a. Zeile _____ : _____
   b. Zeile _____ : _____
   c. Zeile _____ : _____
   d. Zeile _____ : _____

2. Beantworten Sie die folgenden Fragen im Passiv:

**ZUM BEISPIEL**

**Perfekt:** Wer hat den Artikel geschrieben? (Irmgard Wagner)
*Der Artikel ist von Irmgard Wagner geschrieben worden.*

a. **Präteritum:** Wie bauten die Indianer Gemüse und Heilpflanzen an? (organisch)
_____
_____

b. **Perfekt:** Was hat den Siedlungsraum geprägt? (große weite Steppen und die „bad lands")
_____
_____

c. **Präteritum:** Welche Art Wirtschaft führte Weltzien ein? (die Kompostwirtschaft)
_____
_____

d. **Futur:** Welche Techniken werden die Indianer verbessern? (die Anbautechniken)
_____
_____

**B. Begriffe im Artikel.** In der linken Spalte sind Begriffe aus dem Artikel, in der rechten Spalte sind andere Ausdrücke dafür. Bestimmen Sie, welche Begriffe und Ausdrücke am besten zusammenpassen.

_____ 1. Oglala                          a. weite Steppen und die „bad lands"

_____ 2. das Pine Ridge Reservat          b. Wissenschaftler

Copyright © Houghton Mifflin Company. All rights reserved.                    **31**

____ 3. die Universität Bonn          c. Sioux Indianer
____ 4. das Oglala-College            d. Bundesstaat
____ 5. South Dakota                  e. Kurse im organischen Gartenbau
____ 6. die Deutsche Forschungsgemeinschaft   f. Institut für Pflanzenkrankheiten

**C. Lesetext.** Lesen Sie den folgenden Artikel aus der Zeitung *Bonner General-Anzeiger*, in dem Irmgard Wagner über die Zusammenarbeit zwischen Sioux Indianern und Heinrich Weltzien, Direktor des Bonner Universitäts-Instituts für Pflanzenkrankheiten berichtet[1].

## Die Indianer standen vor einem Rätsel
*Irmgard Wagner*

Der Hilferuf kam aus dem US-Bundesstaat South Dakota: Der Stamm der Oglala Sioux Indianer hatte Probleme mit dem organischen Anbau° von Gemüse und Heilpflanzen°. Aber er wusste, wo der Fachmann° zu finden war. Professor Heinrich Weltzien, Direktor des Bonner Universitäts-Instituts für Pflanzenkrankheiten, eilte vor Ort° und half den Indianern. [ ... ] Weltzien nutzte gemeinsam mit seiner Frau Marianne Weltzien, eine erfahrene Pflanzenpathologin, eine Kongressreise° in die USA zu einem Abstecher° in das Sioux-Reservat. Seine Reise wurde von der Deutschen Forschungsgemeinschaft° unterstützt.

Der Bonner Wissenschaftler fand einen Siedlungsraum° vor, der von großen weiten Steppen und den sogenannten „bad lands", unzugänglichem und unfruchtbarem Gelände°, geprägt ist. [ ... ] Erst vor wenigen Jahren begannen die Indianer das Steppenland zu bearbeiten. Ein mutiger° Schritt°, so erklärte Weltzien, denn in ihrer langen Stammesgeschichte hatten sich die Oglala nie mit Ackerbau° beschäftigt°. [ ... ] „Was jetzt nach drei Jahren Anbauzeit die Indianer verzweifeln ließ°, ist vornehmlich° die mangelnde° Nährstoffrückführung°", sagte Weltzien nach seiner Rückkehr aus South Dakota ...

Also half er den Indianern bei der Einführung der Kompostwirtschaft. [ ... ] [E]in Modellgarten wurde angelegt° und die Oglala wurden in der Komposttechnik unterrichtet°. Weltzien will auch die Anbautechniken verbessern und die traditionellen Nutz- und Heilpflanzen sammeln°, die in Vergessenheit geraten sind°. Der Bonner hat weiterführende Pläne: Mit Unterstützung des Deutschen Akademischen Austauschdienstes° wird er ab 1991 im Oglala-College, der einzigen weiterführenden Bildungseinrichtung° im Reservat, Kurse in organischem Gartenbau anbieten°. „Dabei darf es nicht nur um technische Aspekte gehen°. Die indianische Tradition des ganzheitlichen Naturverständnisses muss mit einbezogen° werden. Die Oglala-Gartenbauer müssen sich ihr altes Wissen wieder nutzbar machen", meint der Bonner Agrarwissenschaftler.

*growing*
*medicinal plants / expert*

**eilte vor Ort:** *rushed to the spot*

*trip to a conference / side trip*
*Research Association*
*settlement area*

**unzugänglichem ... Gelände:** *inaccessible and barren terrain / courageous / step*

*agriculture / occupied*

**die Indianer ... ließ:** *caused the Native Americans to despair / principally / insufficient /*

*planted*
*instructed*
*collect*
**in Vergessenheit ... sind:** *have been forgotten / Exchange Service*
*educational institution*
*offer*
**um ... gehen:** *be a matter of*
*included*

---

[1]Wagner, Irmgard. "Die Indianer standen vor einem Rätsel." *Kulturchronik*, Nr. 3, 1991, 46–47. Zuerst im *General-Anzeiger*, 28. 12. 1990, Bonn erschienen.

# Zum Schreiben

**D. Schriftliche Zusammenfassung.** Fassen Sie den Lesetext in vier Sätzen zusammen. Lassen Sie sich von den folgenden Fragen leiten:

1. Was war das Problem?
2. Warum hat ein Deutscher den Indianern geholfen?
3. Wie sollte das Problem gelöst werden?
4. Wie sollen auch andere Techniken verbessert werden?

_____

_____

_____

_____

_____

_____

## Writing Strategy: Vary the Voice

Sentence variety adds interest to your writing. One way to introduce variety is to avoid using only the active voice by including a few sentences in the passive. The use of the passive voice should be limited, however, since the active voice is more direct and gives your writing more—as the term implies—action.

For general writing strategies refer to "Stages in the Writing Process" on p. 3.

**E. Aufsatz.** Machen Sie eine der folgenden Aufgaben. Benutzen Sie ein- oder zweimal das Passiv. Beziehen Sie sich auf Informationen im Lehrbuch, auf den Lesetext oben, auf andere Quellen, die Sie im Internet finden, und auf Ihre eigenen Kenntnisse und Erfahrungen.

1. Schreiben Sie einen Aufsatz von etwa zehn Sätzen über das Thema „Deutsche und Amerikas Indianer". Überlegen Sie sich die folgenden Fragen:
   - Warum interessieren sich viele Deutsche für die Indianer?
   - Welche Orte im Westen der USA ziehen deutsche Touristen besonders an?
   - Wie ist die Geschichte der Beziehung zwischen den Deutschen und den Indianern?
   - Wie ist die aktuelle Beziehung zwischen den Deutschen und den Indianern?
   - Wer ist Karl May und wer ist Winnetou?

2. Schreiben Sie in etwa zehn Sätzen Ihre eigene Indianererzählung. Lassen Sie Ihrer Fantasie freien Lauf.

Name _____    Date _____

# Kapitel 10 – Shalom Naomi?

## Zum Lesen

**A. Lesestrategie: Auf Verbkonstruktionen achten.** Man versteht einen Text besser, wenn man seine Struktur erkennt. Ein großer Teil der Struktur ist in den Verbkonstruktionen zu erkennen. Der Leser/Die Leserin kann sich folgende Fragen stellen: (1) Schreibt der Autor/die Autorin über die Vergangenheit (Verben im Perfekt, Präteritum), Gegenwart (Verben im Präsens) oder Zukunft (Verben im Futur)? (2) Schreibt er/sie eher über reale Zustände (im Indikativ) oder über Mögliches und Irreales (im Konjunktiv)? (3) Schreibt er/sie in der aktiven oder passiven Form? (4) Schreibt er/sie im Imperativ?

Sehen Sie sich den Lesetext in Übung C flüchtig an, um ein Beispiel der jeweiligen Verbkonstruktion zu finden und aufzuschreiben.

**ZUM BEISPIEL**

**Konjunktiv**

Zeile _1–2_ : _hättest ... erfahren_

1. **Noch ein Beispiel des Konjunktivs**

   Zeile _____ : _____

2. **Passiv** (werden + Partizip, z.B. gezeugt werden könne, *could be fathered*)

   Zeile _____ : _____

3. **Imperativ** (z.B. du: gehe; ihr: geht; Sie: Gehen Sie)

   Zeile _____ : _____

4. **Perfekt** (haben/sein + Partizip)

   Zeile _____ : _____

5. **Präteritum**

   Zeile _____ : _____

6. **Präsens**

   Zeile _____ : _____

7. **Futur I** (werden + Infinitiv)

   Zeile _____ : _____

8. **Futur II** (werden + Partizip + haben/sein, z.B. wirst dich ... zurückerinnert haben, *will have recalled*)

   Zeile _____ : _____

**36** IMPULSE

**B. Unterordnende Konjunktionen (z.B. als, dass).** Unterstreichen Sie im Lesetext die fünf unterordnenden Konjunktionen.

**C. Lesetext.** Lesen Sie den Text aus Ruth Herzogs Buch „Shalom Naomi? Brief an ein Kind"[1]. Mit diesen Worten schließt Ruth Herzog den Brief an ihre Enkelin Naomi.

### An den Leser
*Ruth Herzog*

Wahrscheinlich, lieber Leser, hättest du niemals von meiner Existenz erfahren, wenn ich mich nicht entschlossen° hätte, meinen Brief an mein Enkelkind Naomi der Öffentlichkeit zugänglich° zu machen. Vielleicht bist du ein junger Mensch, so jung, dass du dich an die Zeit nicht erinnerst, in der ich zur Vergasung° bestimmt war, damit Naomi nie gezeugt° werden könne. Vielleicht bist du auch noch ein Kind und wirst, wie sie, meinen Brief erst in vielen Jahren lesen. Vielleicht aber bist du so alt wie ich – zwischen fünfzig und sechzig oder älter. Dann wirst du dich beim Lesen meines Briefes an Naomi an jene Zeit zurückerinnert haben und mit Trauer im Herzen der vergeblichen° Hilfeschreie der Millionen gedenken°, die durch die Willkür° ihrer Mitmenschen in Hoffnungslosigkeit und Verzweiflung° zu Tode gebracht wurden. [...]

Alles, was ich in meinem Brief an mein Enkelkind Naomi schrieb, ist wahr. Nur die Namen der Menschen habe ich geändert, die der Lebenden und die der Toten. Auch der Name Ruth Herzog ist nicht mein richtiger Name, doch beim Lesen meines Briefes an Naomi wirst du sicherlich verstanden haben, dass ich Erfahrungen gemacht habe, die es mir leider nicht erlauben°, den Menschen in allen Dingen zu vertrauen°. [...]

Der Brief an Naomi, den du gelesen hast, ist mein geistiges Vermächtnis° an mein Enkelkind. Er ist also ein Geschenk und an diesem Geschenk sollst du teilhaben: Als ich mich entschloss, den Brief der Öffentlichkeit zugänglich zu machen, wollte ich damit meinen Beitrag liefern° zum Bau° einer neuen Welt für unsere Kinder, einer Welt des Friedens für Naomi. [...] Komm bitte auch du und baue mit an einer neuen Welt, denn dazu ist es nie zu früh und es ist auch noch nicht zu spät dazu.

*decided*
**der Öffentlichkeit zugänglich:** *available to the public / gassing / fathered*

*futile*
*recall / despotism*
*despair*

*permit*
*trust*
**geistiges Vermächtnis:** *spiritual and intellectual legacy*

**meinen Beitrag liefern:** *provide my contribution / building*

## Zum Schreiben

**D. Schriftliche Zusammenfassung.** Fassen Sie die Schlussworte Ruth Herzogs in vier Sätzen zusammen. Lassen Sie sich von den folgenden Fragen leiten.

1. Was überlegt sich Ruth Herzog in Bezug auf die Leser ihres Briefes?
2. Was erklärt Ruth Herzog im zweiten Absatz?
3. Was ist der Brief?
4. Warum soll nicht nur Naomi den Brief lesen, sondern auch noch viele andere Menschen?

_____

_____

[1]Herzog, Ruth. *Shalom Naomi? Brief an ein Kind*. Frankfurt am Main: Fischer Taschenbuch Verlag GmbH, © 1982, 183–184.

## Writing Strategy: Know Your Audience

Of utmost importance to Ruth Herzog as she sat down to write her letter was her audience—her granddaughter and, as we discover on the final page of the book, you, one of her other readers.

Identifying your audience before you write helps you clarify your purpose and make appropriate choices about content and style. Thus, identifying your audience helps you write more efficiently and effectively.

For general writing strategies refer to "Stages in the Writing Process" on p. 3.

**E. Aufsatz.** Machen Sie eine der folgenden Aufgaben. Beziehen Sie sich auf die Informationen im Lehrbuch, auf den Lesetext oben und auf Ihre eigene Erfahrung. Bevor Sie Ihren Text schreiben, überlegen Sie sich, wer die Leserschaft sein soll.

1. Schreiben Sie einen Aufsatz von etwa zehn Sätzen über Ruth Herzogs Brief. Überlegen Sie sich die folgenden Fragen:
   - Wie ist Ruth Herzog dazu gekommen, den Brief zu schreiben?
   - An wen schreibt sie den Brief? Was erfahren die Leser zum ersten Mal am Ende des Briefes?
   - Welche Erfahrungen hat Ruth Herzog im Dritten Reich gemacht?
   - Welche Hoffnungen hat sie?
   - Warum hat sie den Brief geschrieben?

2. Schreiben Sie einen Aufsatz von etwa zehn Sätzen über den Holocaust. Sie können sich auf ein Buch, einen Film, einen Kurs usw. beziehen, in dem der Holocaust behandelt wird. Informieren Sie sich auch aus anderen Büchern, z.B. einem Geschichtsbuch, und nutzen Sie die Möglichkeiten des Internet. Überlegen Sie sich die folgenden Fragen:
   - Wann war der Holocaust?
   - Was ist der historische Hintergrund?
   - Was ist passiert?
   - Was hat ein Mensch wie z.B. Ruth Herzog durchmachen müssen?
   - Wie wird heute in den Nachrichten über den Holocaust berichtet?

Name _____   Date _____

# Kapitel 11 – Basketball im Rollstuhl

## Zum Lesen

**A. Lesestrategie: Die Beziehung zwischen Hauptsatz und Nebensatz erkennen.** Wenn Sie einen Satz lesen, lesen Sie ihn erst einmal ganz bis zum Ende durch. Achten Sie dabei auf unterordnende Konjunktionen und Relativpronomen, so dass Sie die Struktur des ganzen Satzes und die logische Beziehung zwischen Hauptsatz und Nebensatz erkennen. Ergänzen Sie die folgenden Sätze aus dem Lesetext in Übung B.

### Unterordnende Konjunktionen:

1. Wussten Sie schon, _____ hier täglich von 8.00 Uhr bis 15.00 Uhr fast 150 Schüler von 35 Lehrern unterrichtet werden?

2. Wussten Sie schon, _____ geistige Behinderung in jeder Familie vorkommen kann?

3. Aber sie dürfen bleiben, _____ sie 25 Jahre alt sind.

4. Sie lernen, sich mit sich selber und in der Umwelt zurechtzufinden, _____ sie möglichst selbstständig und unabhängig werden.

5. Lehr- und Lernmittel sind selten und teuer, _____ die Auflagen zu klein sind.

6. Die Stadt hat nur wenig Geld für Unterrichtsmittel, _____ wir auch hier größtenteils auf uns selbst gestellt sind.

### Relativpronomen:

7. Wir haben Schüler mit leichten Behinderungen, _____ viel leisten ...

8. Wir haben Schüler ... mit schweren Behinderungen, _____ ständiger intensiver Zuwendung und Hilfe bedürfen.

**B. Lesetext.** Lesen Sie den folgenden Text aus einem Prospekt für eine Sonderschule für Geistigbehinderte in Köln-Sülz. Der Prospekt informiert die Öffentlichkeit über die Schule.

### Die Sonderschule für Geistigbehinderte in Köln-Sülz

**Wussten Sie schon,** dass hier täglich von 8.00 Uhr bis 15.00 Uhr fast 150 Schüler von 35 Lehrern unterrichtet° werden?   *instructed*

**Wussten Sie schon,** dass geistige Behinderung in jeder Familie vorkommen kann? [...]

5  **Die Schülerschaft.**
Mit sechs Jahren kommen die Kinder, wie überall, in die Schule. Aber sie dürfen bleiben, bis sie 25 Jahre alt sind. Unsere Schüler werden mit Bussen gebracht. [...]

Copyright © Houghton Mifflin Company. All rights reserved.

**Schulorganisation.**
Es gibt keine Jahrgangsklassen wie 1., 2., 3. Schuljahr. Die Schüler besuchen je nach Entwicklungsstand° und Leistungsfähigkeit° verschiedene Schulstufen.  *developmental level / capability*
 Sie fangen an in der Vorstufe, gehen weiter über die Unter-, Mittel-, und Oberstufe, bis zur Werkstufe.

**Was lernen die Schüler?**
Die Schüler lernen, wenn möglich, auch Lesen und Schreiben. Doch zunächst ist für die meisten ein basales Lernen notwendig; d.h. sie lernen, was sie mit ihren Händen und Füßen, mit ihrem Körper alles tun können. Sie lernen sich selber kennen. Dann lernen sie ihre Umwelt kennen. Alles Wichtige in ihrem Zimmer, in der Wohnung, auf der Straße, in ihrer Stadt usw.
 Sie lernen, sich mit sich selber und in der Umwelt zurechtzufinden°, damit  *to deal with*
sie möglichst selbstständig und unabhängig werden. Sie lernen, die Mitmenschen zu beachten, auf sie einzugehen°, mit ihnen zusammenzuleben und -zuarbeiten.  **auf sie einzugehen:** *to take an interest in them*
Sie lernen spielen können, arbeiten können, leben können.
 Es ist ein umfangreiches° und vielseitiges Programm. Lehr- und Lernmittel  *extensive*
sind selten und teuer, weil die Auflagen° zu klein sind. Die Stadt hat nur wenig  *number of copies*
Geld für Unterrichtsmittel°, so dass wir auch hier größtenteils auf uns selbst  *instructional material*
gestellt° sind.  **auf ... gestellt:** *left to ourselves*

**Ursachen° der geistigen Behinderung:**  *causes*
Die Ursachen für eine geistige Behinderung sind vielfältig°. Geistige Behinderung  *diverse*
ist keine ansteckende° Krankheit. Vererbung° ist äußerst selten. Die meisten  *contagious / (transmission by) heredity / come about, arise / pregnancy*
Behinderungen entstehen° in der Schwangerschaft°, während der Geburt oder nach der Geburt durch Infektionen, Krankheiten, Unfälle und menschliches Versagen°. Kleinere oder größere Bereiche° des Gehirns° sind dann nicht leistungsfähig. Die Folge sind geistige und oft auch körperliche Schädigungen°  **menschliches Versagen:** *human error / areas / brain / damage / severity*
unterschiedlicher Schwere°. Wir haben Schüler mit leichteren Behinderungen, die viel leisten und auch ein wenig schreiben, rechnen und lesen können, und Schüler mit schweren Behinderungen, die ständiger° intensiver Zuwendung° und  *constant / attention*
Hilfe bedürfen.

# Zum Schreiben

**C. Schriftliche Zusammenfassung.** Fassen Sie den Lesetext in vier Sätzen zusammen. Lassen Sie sich von den folgenden Fragen leiten:

1. Wer geht in diese Schule?
2. Wie wird die Schule organisiert?
3. Was lernen die Schüler?
4. Was sind die Ursachen der geistigen Behinderung?

_____
_____
_____
_____
_____

## Writing Strategy: Create a Clear Structure

The more clearly you structure your composition, the more grateful your readers will be. Four of the best strategies for winning over your readers through clear presentation are: (1) to present your main thought or thesis in the introduction; (2) to outline briefly in the same or following paragraph the steps you will use in developing the main thought; (3) to follow that outline in the body of the composition; and (4) to repeat in a concluding paragraph what the composition was about, i.e., your main thought.

For general writing strategies refer to "Stages in the Writing Process" on p. 3.

**D. Aufsatz.** Machen Sie eine der folgenden Aufgaben. Beziehen Sie sich auf die Informationen im Lehrbuch, auf den Lesetext oben, auf andere Quellen, die Sie im Internet finden, und auf Ihre eigene Erfahrung. Schauen Sie sich auch das Video *Impulse, Bericht J* an. Achten Sie beim Organisieren des Aufsatzes auf eine klare Struktur.

1. Schreiben Sie einen Aufsatz von etwa zehn Sätzen über Menschen mit Behinderungen und über Schulen und Programme, die für sie bestimmt sind. Überlegen Sie sich die folgenden Fragen:
   - Was für Behinderungen gibt es? Denken Sie an die Schüler und an die Basketballspielerinnen.
   - Welche Rolle spielen Sonderschulen?
   - Welche Gelegenheiten gibt es für Behinderte im Sport, Theater, bei der Arbeit usw.?
   - Was haben Sie in letzter Zeit über Menschen mit Behinderungen in den Medien gesehen, gehört oder gelesen?

2. Manchmal haben behinderte Menschen im Alltag Probleme, weil z.B. Gebäude nicht behindertengerecht sind. Manchmal müssen sie erfahren, dass es Aktivitäten und Programme gibt, an denen nur Nichtbehinderte teilnehmen können. Man könnte solche Probleme oft lösen und dann hätten die Behinderten größere Freiheit. Fallen Ihnen dazu Beispiele ein? Beschreiben Sie Ihre Beispiele. Was könnte oder sollte man tun? Überlegen Sie sich die folgenden Fragen:
   - Was ist das Problem?
   - Wie ist Ihnen das Problem aufgefallen?
   - Was sollte man tun?
   - Wer kann das tun?
   - Wo sollte man mit den Plänen anfangen?

Name _____ Date _____

# Kapitel 12 – Die Dichterin Rose Ausländer

## Zum Lesen

**A. Lesestrategie: Hauptpunkte erkennen.** Beim Lesen sollte man versuchen, die Hauptpunkte zu erkennen. Eine Strategie dafür ist, immer den ganzen Absatz zu lesen und sich dann Fragen über einen möglichen Hauptpunkt zu stellen. Lesen Sie in dem folgenden Lesetext in Übung B jeden Absatz und beantworten Sie anschließend die jeweilige Frage. Auf diese Weise können Sie den Hauptpunkt in jedem Absatz feststellen.

1. Was für ein Leben, das in diesem Absatz beschrieben wird, hat Rose Ausländer geführt?
2. Wo hat sie während dieses rastlosen Lebens ihre Heimat gefunden?
3. Was ist eigentlich „Name: Rose Ausländer"?

**B. Lesetext.** Lesen Sie die Auszüge aus einer Rezension einer Aufführung des Bühnenstückes über die Dichterin Rose Ausländer[1].

### In der Lyrik fand sie die wahre Heimat
*Andrea Görz*

Ein rastloses Leben hat Rose Ausländer geführt. Als sie 15 Jahre alt ist, tobt° der Erste Weltkrieg und sie muss mit ihrer Familie von Czernowitz vorübergehend° nach Wien übersiedeln. Nach dem Tod des Vaters schickt die Mutter ihre Tochter in die USA. Dort schreibt Rose Ausländer und heiratet, landet in den 30er Jahren in Bukarest, dann wieder in Czernowitz, wo sie vier grausame° Jahre des Getto-Daseins° unter SS-Herrschaft° durchleben muss.

Wieder ist sie in New York, reist in den 50er-Jahren durch Europa, dann nach Israel, zieht nach Wien, nach Düsseldorf, zurück in die USA und wiederum nach Düsseldorf. Zu Hause aber scheint sie sich zeitlebens° nur in der verlorenen Heimat gefühlt zu haben, in der waldigen° Landschaft der Bukowina. Und – was ihr als Trost und als Ersatz für alles Verlorene galt°: In der Sprache, in der Lyrik fand sie ihr „Mutterland Wort".

[...] „Name: Rose Ausländer" ist nicht nur ein rund 60-minütiger biografischer Abriss° über das Leben der 1988 verstorbenen° Dichterin. Es ist ein Ein-Personen-Stück über die Suche nach der eigenen Identität, die abseits° von Familie und Heimatboden° ... für diese Frau nur im Innern des eigenen Geistes und in der Poesie zu finden war.

*is raging*
*temporarily*

*terrible*
*ghetto existence / SS control*

*all her life*
*wooded*
**was ... galt:** *what was for her a consolation and substitute for everything lost*

*outline / deceased*
*away*
*native soil*

## Zum Schreiben

**C. Schriftliche Zusammenfassung.** Fassen Sie den Lesetext in vier Sätzen zusammen. Lassen Sie sich von den folgenden Fragen leiten.

1. Wovon handelt die Rezension?
2. Warum bezeichnet man Rose Ausländers Leben als „rastlos"?
3. Wo fand sie ihre Heimat?
4. Wovon handelt das Theaterstück?

---

[1]Görz, Andrea. "In der Lyrik fand sie die wahre Heimat." *Kölner Stadt-Anzeiger*, 14.03.97, 15.

_____
_____
_____
_____
_____
_____

## Writing Strategy: Review Carefully

One of the final steps in writing a composition is to review it carefully in order to correct any mistakes. After composing in German, check the following important details:
- word order (verb second in main clauses, verb last in subordinate clauses)
- conjugated verb forms
- forms of participles
- use of **sein** as an auxiliary
- appropriate personal pronouns (e.g., **sie**, not **ihr**, for *her*); use of **als** vs. **wenn**
- right use of cases (nominative, accusative, dative, genitive) and correct case endings for articles
- correct adjective endings
- noun plural forms
- spelling

After you finish writing your composition, use a similar check-list to edit your own work very carefully.

For general writing strategies refer to "Stages in the Writing Process" on p. 3.

**D. Aufsatz.** Machen Sie eine der folgenden Aufgaben. Beziehen Sie sich auf die Informationen im Lehrbuch, auf den Lesetext oben und auf Ihre eigene Erfahrung.

1. Schreiben Sie einen Aufsatz von etwa zehn Sätzen über Rose Ausländer. Überlegen Sie sich die folgenden Fragen:
   - Wer war Rose Ausländer?
   - Wann lebte sie?
   - Welche besonderen Erlebnisse kennzeichnen ihr Leben?
   - Was hat sie geschrieben?
   - Wie sind Gisela Nohl und Bernd Rieser dazu gekommen, ein Bühnenstück über ihr Leben zu machen?
   - Was wird in dem Bühnenstück dargestellt?
   - Wieso ist das Stück keine normale Dichterlesung?

2. Gisela Nohl und Bernd Rieser zeigen großes Interesse für die Dichterin Rose Ausländer; das Bühnenstück gibt uns Antwort auf die Frage, warum. Schreiben Sie einen Aufsatz von etwa zehn Sätzen über einen Autor/eine Autorin, für den/die Sie sich interessieren, und erklären Sie warum. Überlegen Sie sich die folgenden Fragen:
   - Wer ist die Person?
   - Welche Art von Literatur schreibt er/sie?
   - Wie haben Sie die Werke dieses Autors/dieser Autorin kennen gelernt?
   - Was haben Sie gelesen?
   - Wie würden Sie das Werk/die Werke beschreiben? Was sind besondere Merkmale des Werkes/der Werke, das/die Sie gelesen haben?
   - Warum interessiert Sie diese Literatur?

# Radiomagazin Impulse

## Kapitel 1 – Fernsehen

Bevor Sie mit den Übungen zu diesem Beitrag von *Radiomagazin Impulse* anfangen, sollten Sie sich den L erst einmal ganz anhören. Sie hören ein Interview mit Herrn Dr. Oliver Zöllner, dem Leiter der Abteilung „Medienforschung/Hörer- und Zuschauerpost" bei der Deutschen Welle in Köln.

**A. Lückentext.** Sie hören das Interview noch einmal. Während Sie zuhören, lesen Sie gleichzeitig den Text in Ihrem Arbeitsbuch und ergänzen Sie im Interview die fehlenden Wörter. Fangen wir an!

***Radiomagazin Impulse:*** Herzlich willkommen zu unserer heutigen _____ . Heute wollen wir uns mit dem Thema „Radio und Fernsehen" beschäftigen. Die Deutsche Welle ist vielen unserer Hörer und Hörerinnen sicherlich bekannt. Es ist der deutsche Auslandssender, der Radio- und Fernsehprogramme in vielen verschiedenen Sprachen ins _____ sendet. Dass er vielen bekannt sein muss, davon weiß unser heutiger Gast bestimmt Genaueres zu berichten, denn er ist der Leiter der Abteilung „Medienforschung/Hörer- und Zuschauerpost der Deutschen Welle" in Köln, Herr Dr. Oliver Zöllner.
    Herr Dr. Zöllner, schreiben Sie privat eigentlich noch Briefe?

***Oliver Zöllner:*** Selbstverständlich, auch privat _____ ich gerne Briefe. Immer mehr aber auf elektronischem Weg, also als E-Mail. Meine Handschrift ist dabei nicht besser geworden, wie Sie sich vorstellen können.

***Radiomagazin Impulse:*** Sie haben 1997 fast 500 000 Briefe bekommen, wo kommen die denn alle her?

***Oliver Zöllner:*** Die Briefe, die in unserer Abteilung ankommen, kommen aus fast jedem Land der Erde. Mehr als die Hälfte _____ aus Asien, etwa ein Fünftel aus Europa und auch viele aus Afrika. Aus Nord- und Südamerika und aus dem Nahen und Mittleren Osten kommen dagegen wenige Briefe.

***Radiomagazin Impulse:*** Wie erklären Sie sich die hohe _____ an Briefen aus Asien, genau gesagt aus Indien, Pakistan und Bangladesch?

***Oliver Zöllner:*** In diesen Ländern leben viele treue und aufmerksame Hörer und Zuschauer der Deutschen Welle, die gerne die Programme kommentieren und _____ _____ möchten. Auch scheint der Brief in diesen Ländern noch ein wichtiges Kommunikationsmittel zu sein. Und die Hörer und Zuschauer in Indien, Pakistan und Bangladesch _____ _____ sehr für unsere Quizsendungen, denn bei jedem Preisrätsel _____ uns sehr, sehr viele Antworten.

***Radiomagazin Impulse:*** Gibt es so etwas wie den „typischen" Brief an die Deutsche _____ ?

***Oliver Zöllner:*** Nein, den gibt es nicht. Jeder Hörer, jede Zuschauerin hat ganz individuelle Wünsche. Natürlich wiederholen sich bestimmte Fragen, etwa, ob wir Briefpartner vermitteln können, oder dass die Deutsche Welle zu wenig oder zu viel Sport im _____ hat oder zu viel oder zu wenig _____ .

***Radiomagazin Impulse:*** Nur 2 % der Briefe kommen aus Nordamerika. Wieso kommt so wenig Post aus den USA?

**46** IMPULSE

*Oliver Zöllner:* Ich glaube, in den USA schreibt man nicht mehr so viele Briefe. Man _____ schon mehr im elektronischen Zeitalter. Man telefoniert – auch mit der Deutschen Welle – und setzt sich nicht hin, um einen Brief zu schreiben. Oder man schickt eine E-Mail. Das ist eine andere Art der Kommunikation, die aber auch sehr direkt und persönlich ist.

*Radiomagazin Impulse:* Werden alle Briefe beantwortet?

*Oliver Zöllner:* Nicht alle, das können wir gar nicht schaffen, aber wir _____ möglichst vielen Menschen antworten und ihnen die Informationen geben, die sie von uns haben wollen. Das ist manchmal eine sehr schwierige Aufgabe, denn nicht alle Wünsche sind _____ zu erfüllen.

*Radiomagazin Impulse:* Gibt es denn auch viele „ungewöhnliche" Briefe? Wie gehen Sie mit denen um?

*Oliver Zöllner:* Ja, ungewöhnliche Briefe kommen jeden Tag bei uns an. Da _____ man vorsichtig reagieren. Manche Wünsche sind nur auf den ersten Blick ungewöhnlich – das ist ein interkulturelles Phänomen: Hörer und Zuschauer in anderen _____ haben andere Vorstellungen und andere Bedürfnisse, auf die wir reagieren müssen. Das ist manchmal schwer, aber wir machen das gerne.

*Radiomagazin Impulse:* Sind denn auch schon „Stammkunden" bei ihren Briefpartnern?

*Oliver Zöllner:* Ja, einige Hörer und Zuschauer schreiben immer wieder, oft sind es sehr persönliche Briefe. Sie sehen die Deutsche Welle als einen „Freund". Sehr regelmäßig schreiben uns natürlich auch die Hörerclubs in aller Welt ihre Meinung zu bestimmten _____ , oder sie schreiben uns über ihre Aktivitäten und schicken Grüße an die Deutsche Welle.

*Radiomagazin Impulse:* Welches waren denn die witzigsten Briefe, die Sie bekommen haben?

*Oliver Zöllner:* Wirklich witzige Briefe kommen nur wenig, die meisten sind doch ernst. Neulich aber kam ein Fax aus Kanada, das ich an den Papst weiterleiten sollte. Keine leichte Aufgabe!

*Radiomagazin Impulse:* Wie viele Menschen _____ in Ihrer Abteilung?

*Oliver Zöllner:* In der Abteilung „Medienforschung/Hörer- und Zuschauerpost" arbeiten rund 40 _____ aus rund 20 Nationen, die meisten davon sind für die Beantwortung von Hörer- und Zuschauerbriefen zuständig.

*Radiomagazin Impulse:* In welcher Sprache werden die Briefe beantwortet?

*Oliver Zöllner:* Die Briefe werden in allen Sprachen beantwortet, in denen die Deutsche Welle sendet, also 35. Die _____ , die nicht bei uns im Bereich Hörer- und Zuschauerpost vertreten sind – also etwa Chinesisch oder Paschtu[1], werden dann von den jeweiligen Redakteuren beantwortet. Jeder Brief kann also wirklich beantwortet werden.

*Radiomagazin Impulse:* Herr Zöllner, wir danken Ihnen für diese interessanten Informationen und hoffen natürlich, dass sie nach diesem Interview noch mehr Briefe aus Nordamerika _____ werden. Auf Wiedersehen.

---

[1] Paschtu ist die offizielle Staatssprache in Afghanistan.

**B. Richtig oder falsch?** Sie hören zehn Aussagen aus dem Interview. Kreuzen Sie in Ihrem Arbeitsbuch **R** an, wenn die Aussage richtig ist. Kreuzen Sie **F** an, wenn sie falsch ist. Sie hören jede Aussage zweimal.

1. ____ R  ____ F
2. ____ R  ____ F
3. ____ R  ____ F
4. ____ R  ____ F
5. ____ R  ____ F

6. ____ R  ____ F
7. ____ R  ____ F
8. ____ R  ____ F
9. ____ R  ____ F
10. ____ R  ____ F

**C. Was stimmt?** Sie hören zunächst acht unvollständige Aussagen aus dem Interview. In Ihrem Arbeitsbuch stehen zwei Möglichkeiten, die jeweilige Aussage zu vervollständigen. Kreuzen Sie die richtige an. Sie hören jede Aussage zweimal.

1. ____ a. Amerika
   ____ b. Asien

2. ____ a. Indien, Pakistan und Bangladesch
   ____ b. Afrika

3. ____ a. Briefe
   ____ b. E-Mails

4. ____ a. leichte
   ____ b. schwere

5. ____ a. keine
   ____ b. andere

6. ____ a. persönliche
   ____ b. geschäftliche

7. ____ a. witzig
   ____ b. ernst

8. ____ a. beantwortet
   ____ b. gesendet

**D. Was passt zusammen?** Sie hören acht Substantive. In Ihrem Arbeitsbuch stehen zu jedem Substantiv zwei Verben. Kreuzen Sie in Ihrem Arbeitsbuch an, welches Verb besser zu dem Substantiv passt. Sie hören jedes Substantiv zweimal.

1. ____ a. hören
   ____ b. sehen

2. ____ a. reisen
   ____ b. machen

3. ____ a. laufen
   ____ b. schreiben

4. ____ a. informieren
   ____ b. spielen

5. ____ a. gehen

   ____ b. sprechen

6. ____ a. arbeiten

   ____ b. liegen

7. ____ a. sagen

   ____ b. fühlen

8. ____ a. diskutieren

   ____ b. bezahlen

**E. *Impulse*-Ratespiel.** Durch die Aussage sollen Sie das passende Wort erraten. Dann schreiben Sie es in Ihr Arbeitsbuch. Sie hören jede Aussage zweimal.

**BEISPIEL**

**Das** schreibt Oliver Zöllner auch privat noch gerne.
*Briefe*

1. _____
2. _____
3. _____
4. _____
5. _____

**F. Fragen zum Interview.** Sie hören nun fünf Fragen. Manche sind kurz zu beantworten, manche etwas länger. Beantworten Sie die Fragen spontan – Stichworte sind genug. Schreiben Sie Ihre Antworten in Ihr Arbeitsbuch. Sie hören jede Frage zweimal.

**BEISPIEL**

Woher kommen die Briefe an die Deutsche Welle?
*Die meisten aus Asien, viele aus Europa und Afrika, wenige aus Amerika und dem Nahen und Mittleren Osten*

1. _____
2. _____
3. _____
4. _____
5. _____

Name _____    Date _____

# Kapitel 2 – Ein Kriegserlebnis

Bevor Sie mit den Übungen zu diesem Beitrag von *Radiomagazin Impulse* anfangen, sollten Sie sich den Beitrag erst einmal ganz anhören. Sie hören ein Interview mit Fritz Theilen, einem Deutschen, der gegen die Nazis gekämpft hat.

**A. Lückentext.** Sie hören das Interview noch einmal. Während Sie zuhören, lesen Sie gleichzeitig den Text in Ihrem Arbeitsbuch und ergänzen Sie im Interview die fehlenden Wörter. Fangen wir an!

***Radiomagazin Impulse:*** Herzlich willkommen zu unserer heutigen Sendung. Das Thema der heutigen Sendung: Ein Kriegserlebnis.
  Krieg, das ist sicherlich eins der schlimmsten Erlebnisse, die ein Mensch in seinem Leben haben kann. Er sieht Menschen sterben und seine Heimat zerstört. Diese Erlebnisse wird er nie vergessen. Wie viel schlimmer muss dieses _____ für Kinder sein. Fritz Theilen ist 1927 in Köln geboren. Er war also 5 Jahre alt, als die Nationalsozialisten in Deutschland die Macht übernahmen, und 12 Jahre alt, als der Zweite Weltkrieg begann. Er war einer der wenigen in Deutschland, die während der Kriegszeit versucht haben, in Deutschland etwas gegen die Nazis und den Krieg zu tun. In dem Buch „Die Edelweißpiraten" _____ er seine Geschichte _____, *Radiomagazin Impulse* hat daraus ein Interview gemacht.

***Radiomagazin Impulse:*** Am 1. September 1939 begann der Zweite Weltkrieg. Wie haben Sie diese Zeit erlebt?

***Fritz Theilen:*** Ich war mit meiner Mutter und meinem Bruder allein zu Hause, da mein Vater schon 1938 zum Militär musste.
  Im Spätsommer 1940 _____ mich meine Freunde Hans und Maria zum ersten Mal mit zu ihrer Gruppe _____, die der bündischen Jugend angehörte und sich „Navajos" nannte. Die Navajos waren wie alle anderen Gruppen der bündischen Jugend schon 1933 von den Nationalsozialisten verboten worden. Aber die Navajos _____ sich trotzdem _____ .

***Radiomagazin Impulse:*** Woher kam der Name der Gruppe?

***Fritz Theilen:*** Woher der Name kam, weiß ich nicht; vielleicht aus den vielen Indianergeschichten, die wir alle _____ hatten. Es war für mich ein schönes Gefühl, nicht mehr allein zu sein, sondern zu sehen, dass eine Gruppe von Jugendlichen gegen die Verbote der Nazis handelte.

***Radiomagazin Impulse:*** Wie viele Jugendliche waren in der Gruppe und was _____ sie _____?

***Fritz Theilen:*** Es waren etwa 20 bis 25 Jungen und Mädchen, die fast alle aus Ehrenfelder Arbeiterfamilien stammten.
  Ich _____ begeistert _____ von meiner neuen Gruppe. Es war sehr romantisch, wenn wir zusammensaßen, redeten und unsere alten Lieder sangen. Man kann sagen, dass wir eine kleine Insel hatten, eine Insel gegen die Nazis.

***Radiomagazin Impulse:*** Was _____ Sie _____, als der Krieg dann auch in Ihre Heimatstadt kam?

***Fritz Theilen:*** Die schweren Bombardierungen auf Köln haben im Frühjahr 1942 begonnen. In der Nacht des 31. Mai 1942 hat der größte _____ der Alliierten stattgefunden. In der Kölner Altstadt schlugen überall _____ ein. Am Ende des Krieges waren 96% dieses Stadtteils nur noch _____, nur der Kölner Dom wurde nicht zerstört.

Wir Jugendliche _____ nach den Angriffen in Schnellkommandos von Polizei und Feuerwehr _____ , um beim Löschen der brennenden Häuser zu helfen. Wir sind durch die zerstörten Straßen und Trümmerberge gelaufen, um zu _____ , was zu _____ war.

Später musste ich mit einigen anderen Jungen die Leichen auf einen LKW laden. Ich wollte vor diesem grausigen Bild weglaufen, irgendwohin rennen, nur weg. Ich wollte schreien, aber ich war nur noch _____ .

Tote und Leichengeruch wurden für uns Jugendliche zu einer traurigen, aber alltäglichen Erfahrung.

Viele meiner Freunde waren zu dieser Zeit schon tot.

***Radiomagazin Impulse:*** Gleich nach der Zeit bei den Navajos _____ Sie zu der Gruppe „Die Edelweißpiraten" _____ . Warum?

***Fritz Theilen:*** Die meisten Jugendlichen hatten es einfach satt, den Lügen der Nazis zu glauben. Sie wollten nicht dauernd sehen und hören müssen, dass es nichts Schöneres auf der Welt gibt, als für Führer, Volk und Vaterland zu sterben.

Wir _____ _____ , wie wir, ohne Soldat zu werden, den Krieg überleben könnten. Einer sagte: „Wenn du nicht Soldat sein und sterben willst, dann musst du aktiv etwas dagegen tun, in den Untergrund gehen, Sabotage betreiben." So bin ich zu den Edelweißpiraten gekommen.

_____ _____ habe ich Hermann kennen gelernt. Er sagte: „Wir verteilen Flugblätter gegen die Nazis, wenn du willst, kannst du mitmachen." Ich _____ „ja" _____ . Erst viel später ist mir klar geworden, wie gefährlich das eigentlich war. Darauf stand damals die Todesstrafe.

***Radiomagazin Impulse:*** Was _____ auf den Flugblättern _____ ?

***Fritz Theilen:*** An den Inhalt einiger Flugblätter kann ich mich noch erinnern. Sie sahen aus wie eine Zeitung und hatten den Titel: Soldatenzeitung XYZ. Auf der ersten Seite standen politische und militärische Nachrichten – aber andere als in Hitlers Zeitungen. Sie _____ vom Krieg _____ , aber wie grausig er war und dass der Krieg für Deutschland nicht zu gewinnen war.

***Radiomagazin Impulse:*** Wie _____ Sie und die Edelweißpiraten den Krieg und die Nazis _____ ?

***Fritz Theilen:*** Viele Edelweißpiraten haben diese Zeit nicht überlebt. Noch Ende November 1944 haben die Nazis fünf von uns in Köln-Ehrenfeld verhaftet und hingerichtet. Ich konnte Anfang 1944 aus Köln fliehen, wurde aber in Süddeutschland verhaftet und kam in ein Konzentrationslager. Von da konnte ich aber auch fliehen und ich _____ dann nach dem Krieg wieder nach Köln _____ .

**B. Richtig oder falsch?** Sie hören zehn Aussagen aus dem Interview. Kreuzen Sie in Ihrem Arbeitsbuch **R** an, wenn die Aussage richtig ist. Kreuzen Sie **F** an, wenn sie falsch ist. Sie hören jede Aussage zweimal.

1. ____R  ____F
2. ____R  ____F
3. ____R  ____F
4. ____R  ____F
5. ____R  ____F

6. ____R  ____F
7. ____R  ____F
8. ____R  ____F
9. ____R  ____F
10. ____R  ____F

**C. Was stimmt?** Sie hören zunächst acht unvollständige Aussagen über Fritz Theilen. In Ihrem Arbeitsbuch stehen zwei Möglichkeiten, die jeweilige Aussage zu vervollständigen. Kreuzen Sie die richtige an. Sie hören jede Aussage zweimal.

1. ____ a. Zweite Weltkrieg
   ____ b. Erste Weltkrieg
2. ____ a. Onkel
   ____ b. Vater
3. ____ a. sind ... gekommen
   ____ b. haben ... genommen
4. ____ a. Flugblätter
   ____ b. Flugzeuge
5. ____ a. Anlauf
   ____ b. Angriff
6. ____ a. retten
   ____ b. rennen
7. ____ a. mitgekommen
   ____ b. zurückgekommen
8. ____ a. Freunde
   ____ b. Familie

**D. Fragen, die im Interview nicht gestellt wurden.** Die folgenden Fragen lassen sich alle mit **ja** oder **nein** beantworten. Wie, glauben Sie, hätte Fritz Theilen die folgenden Fragen beantwortet? Kreuzen Sie in Ihrem Arbeitsbuch **ja** oder **nein** an. Jede Frage wird zweimal gestellt.

1. ____ Ja   ____ Nein         5. ____ Ja   ____ Nein
2. ____ Ja   ____ Nein         6. ____ Ja   ____ Nein
3. ____ Ja   ____ Nein         7. ____ Ja   ____ Nein
4. ____ Ja   ____ Nein         8. ____ Ja   ____ Nein

**E. *Impulse*-Ratespiel.** Durch die Aussage sollen Sie das passende Wort erraten. Dann schreiben Sie es in Ihr Arbeitsbuch. Sie hören jede Aussage zweimal.

**BEISPIEL**

Fritz Theilen war **so** alt, als der Zweite Weltkrieg begann.
*5 Jahre*

1. _____         4. _____
2. _____         5. _____
3. _____         6. _____

**F. Fragen zum Interview.** Sie hören nun fünf Fragen. Manche sind kurz zu beantworten, manche etwas länger. Beantworten Sie die Fragen spontan – Stichworte sind genug. Schreiben Sie Ihre Antworten in Ihr Arbeitsbuch. Sie hören jede Frage zweimal.

**BEISPIEL**

Wo waren Fritz Theilens Eltern, als der Krieg begann?
*Die Mutter war zu Hause, der Vater beim Militär.*

1. _____
2. _____
3. _____
4. _____
5. _____

Name _____  Date _____

# Kapitel 3 – Tanzen, Trinken, Fahren

Bevor Sie mit den Übungen zu diesem Beitrag von *Radiomagazin Impulse* anfangen, sollten Sie sich den Beitrag erst einmal ganz anhören. Sie hören einen Bericht über Jugendliche und Autounfälle.

**A. Lückentext.** Sie werden den Bericht noch einmal hören. Lesen Sie gleichzeitig den Text in Ihrem Arbeitsbuch und ergänzen Sie im Bericht die fehlenden Wörter. Fangen wir an!

*Radiomagazin Impulse:* Guten Tag, liebe Hörer und Hörerinnen des *Impulse-Radiomagazins*. Heute geht es um _____ im Straßenverkehr.
 Erst gestern stand es wieder in der Zeitung: Bei einem Autounfall bei München _____ vier Jugendliche. Der Fahrer war zu schnell in eine Kurve gefahren, konnte nicht mehr _____ und ist gegen einen Baum geprallt. Die Jugendlichen _____ auf der Heimfahrt von einem Discoabend. Unfallursache: Alkohol. Viele Menschen glauben, dass Jugendliche die meisten Unfälle haben. Stimmt das wirklich? Mein Kollege Rainer Thalmann berichtet über eine _____ zu diesem Thema:

*Rainer Thalmann:* Ja, normalerweise stimmt das schon. Soziologen der „Bundesanstalt für Straßenwesen" _____ aus Statistiken, dass das Risiko einen Autounfall zu haben bei der Altersgruppe der 18- bis 24-Jährigen am höchsten ist. Doch sie _____ mehr wissen. Sie fragten sich, ob es in dieser Altersgruppe noch Unterschiede gibt. Sie versuchten herauszufinden, wie sich die einzelnen Gruppen von Jugendlichen unterscheiden und welche Gruppe besonders viele Autounfälle hat.
 Also _____ sie Interviews. 1024 Jugendliche _____ _____ und beantworteten Fragen nach ihrer Freizeit, wie viel sie trinken, ihren Hobbies, nach ihrer Familie und Arbeit. Dabei konnten sie drei Gruppen unterscheiden, die besonders viele Unfälle _____ . Sie nannten diese Gruppen den „Action-Typ", den „Fan-Typ" und den „Kontra-Typ".
 Der „Action-Typ" ist immer aktiv. Er geht oft in Kneipen und Discos, er schaut sich gerne Action-Filme an, hört lieber Rock und Punk als Jazz oder Klassik. Er ist politisch und sozial nicht interessiert. Autofahren macht ihm großen Spaß und _____ den größten Teil seiner Freizeit _____ .
 Der „Fan-Typ" interessiert sich eigentlich nur für eine Sache. Das kann ein Sportverein sein, meistens Fußball, oder die Disco. Sonst macht er _____ nichts, außer mit dem Auto durch die Gegend fahren. Freizeit, das bedeutet für ihn Nichts-Tun und Nichts-Denken.
 Der „Kontra-Typ" ist eine Art moderner Rocker. Autofahren liebt er, weil er eben gerne Auto fährt und _____ nichts zu tun hat. Dabei spielt die Musik eine große Rolle: Rock, Punk und Heavy Metal, das ist die Musik, die der „Kontra-Typ" besonders mag. Man sieht sich selbst als sozialkritisch und politisch. Fußball- und Discofans mag man nicht.
 Alle drei Gruppen hatten aber zwei Dinge gemeinsam. Alle _____ extrem viel Auto, die „Kontra-Gruppe" zum Beispiel über 20 000 Kilometer pro Jahr. Und noch eins hatten diese Gruppen _____ . Sie tranken relativ viel Alkohol in ihrer Freizeit. Schon während der Woche _____ sie sehr viel Bier, am Wochenende tranken sie noch mal um 50 Prozent mehr, da _____ keiner _____ . Daher hatten sie besonders viele „saturday-night"-Unfälle.
 _____ interessierte die Soziologen die Frage: Was bedeutet diesen drei Gruppen das Autofahren? Es _____ _____ , dass die Kombination Alkohol und Auto immer mit Imponieren und Risiko zu tun hatte, man wollte sich und anderen immer etwas _____ . Und hier vor allem bei den männlichen Jugendlichen der Gruppen. 70 bis 80 % dieser Gruppen war männlich und hatte keine gute Schulausbildung.
 Die Interviews zeigten Soziologen folgende _____: das Unfallrisiko hängt nicht nur vom Alter ab, sondern auch von der jeweiligen sozialen Gruppe. Der _____ Lebens- und Freizeitbereich spielt dabei eine große Rolle. Junge Autofahrer sind also keine homogene Gruppe. Das muss der Staat wissen, wenn er Jugendliche _____ will, gute Autofahrer zu werden. Jede Aktion zum

Copyright © Houghton Mifflin Company. All rights reserved.

53

Thema _____ und alkoholische _____ muss vermeiden, alle Jugendliche als eine einheitliche Gruppe zu sehen. Es muss unterschieden werden, welcher Gruppe der Jugendliche angehört.

***Radiomagazin Impulse:*** Ja, vielen Dank für diesen Bericht.

**B. Richtig oder falsch?** Sie hören zehn Aussagen aus dem Bericht. Kreuzen Sie in Ihrem Arbeitsbuch **R** an, wenn die Aussage richtig ist. Kreuzen Sie **F** an, wenn sie falsch ist. Sie hören jede Aussage zweimal.

1. ____ R  ____ F
2. ____ R  ____ F
3. ____ R  ____ F
4. ____ R  ____ F
5. ____ R  ____ F
6. ____ R  ____ F
7. ____ R  ____ F
8. ____ R  ____ F
9. ____ R  ____ F
10. ____ R  ____ F

**C. Was stimmt?** Sie hören zunächst acht unvollständige Aussagen aus dem Bericht. In Ihrem Arbeitsbuch stehen zwei Möglichkeiten, die jeweilige Aussage zu vervollständigen. Kreuzen Sie die richtige an. Sie hören jede Aussage zweimal.

1. ____ a. sagten
   ____ b. befragten
2. ____ a. fünf
   ____ b. drei
3. ____ a. gemeinsam
   ____ b. verschieden
4. ____ a. Alkohol
   ____ b. Mineralwasser
5. ____ a. interessierte
   ____ b. interpretierte
6. ____ a. Wetter
   ____ b. Alter
7. ____ a. gesamte
   ____ b. bekannte
8. ____ a. eine
   ____ b. keine

Radiomagazin Impulse    **55**

**D. Kurzdialoge.**  Sie hören jetzt drei kurze Dialoge, jeweils mit einem Jugendlichen aus einer der drei Gruppen. Führen Sie den Dialog so zu Ende, dass er zu der Gruppe passt. Benutzen Sie dabei die Informationen aus dem Text.

1. Die Action-Gruppe:

   ***Person B:*** Nein, _____

2. Die Fan-Gruppe:

   ***Person B:*** Vielleicht _____

3. Die Kontra-Gruppe:

   ***Person A:*** _____

**E. *Impulse*-Ratespiel.**  Durch die Aussage sollen Sie das passende Wort erraten. Dann schreiben Sie es in Ihr Arbeitsbuch. Sie hören jede Aussage zweimal.

**BEISPIEL**

**Das** ist man, wenn man keinen Alkohol getrunken hat.
*nüchtern*

1. _____
2. _____
3. _____
4. _____
5. _____

**F. Fragen zum Bericht.**  Sie hören nun fünf Fragen. Manche sind kurz zu beantworten, manche etwas länger. Beantworten Sie die Fragen spontan – Stichworte sind genug. Schreiben Sie Ihre Antworten in Ihr Arbeitsbuch. Sie hören jede Frage zweimal.

**BEISPIEL**

Was wollten die Soziologen wissen?
*Welche Jugendliche haben viele Unfälle, welche Rolle spielt Alkohol; sind jugendliche Autofahrer eine homogene Gruppe; warum fahren die Jugendlichen so gerne Auto?*

1. _____
2. _____
3. _____
   _____
   _____
4. _____
5. _____
   _____

# Kapitel 4 – Das Gummibärchen

Bevor Sie mit den Übungen zu diesem Beitrag von *Radiomagazin Impulse* anfangen, sollten Sie sich den Beitrag erst einmal ganz anhören. Sie hören ein Interview mit HARIBO-Pressesprecher Walter Schemuth.

**A. Lückentext.** Sie hören das Interview noch einmal. Während Sie zuhören, lesen Sie gleichzeitig den Text in Ihrem Arbeitsbuch und ergänzen Sie im Interview die fehlenden Wörter. Fangen wir an!

***Radiomagazin Impulse:*** Guten Tag, liebe Hörer und Hörerinnen. Herzlich willkommen zur heutigen Sendung! Heute wollen wir über einen ganz besonderen Hit aus Deutschland sprechen. Autos und Bier, dafür ist Deutschland in aller Welt _____ . Wer kennt nicht Mercedes, BMW oder VW? Deutschland und Bier, das gehört für viele Ausländer so zusammen wie Frankreich und Wein, wie die USA und Cola.

Doch gibt es noch ein Produkt, das von Bonn aus den Weg in die Welt gefunden hat. Ein kleiner, süßer _____ , der offiziell zwar „Goldbärchen" heißt, den aber jeder nur „Gummibärchen" nennt. Unser Reporter Hans Beier hat mit Herrn Walter Schemuth gesprochen, dem Pressesprecher der Firma, die den kleinen Gummibär produziert.

♪ [„HARIBO macht Kinder froh, und Erwachsene ebenso."] ♪

***Hans Beier:*** Herr Schemuth, jeder in Deutschland kennt diesen Song. _____ _____ gibt es den?

***Walter Schemuth:*** Den gibt es _____ lange. 1936 traf Herr Hans Riegel, der _____ der Firma HARIBO, einen Mann, der sagte: Ich habe einen guten Slogan für Sie. Der Mann wollte aber 10 Mark dafür haben. Herr Riegel gab ihm das Geld, _____ sagte der Mann „HARIBO macht Kinder froh". Anfang der 50er-Jahre wurde dann „und Erwachsene ebenso" dazugenommen.

***Hans Beier:*** Erzählen Sie uns etwas über die Anfänge der Firma.

***Walter Schemuth:*** Ja, am 13. Dezember 1920 _____ der Seniorchef Hans Riegel die Firma HARIBO, das heißt „Hans Riegel Bonn". Am Anfang produzierte die Firma 50 Kilo pro Tag in einem einzigen _____ , das waren ungefähr 5 000 Stück. Frau Riegel brachte dann die Süßigkeiten _____ noch mit dem Fahrrad zu den Läden. Inzwischen haben wir natürlich _____ . 1922 war dann das Jahr der ersten Gummibärchen. Heute werden allein von den kleinen Bärchen 70 Millionen pro Tag produziert, eine _____ Zahl.

***Hans Beier:*** Warum waren es gerade Bären?

***Walter Schemuth:*** Nach dem Ersten Weltkrieg kam aus den USA der Teddybär nach Deutschland. Die Kinder waren ganz verrückt nach einem Teddy. Da hatte Hans Riegel die Idee, wenn die Kinder den Teddybär so lieben, _____ wollen sie vielleicht auch einen kleinen Bär aus Fruchtgummi.

***Hans Beier:*** In welchen Ländern _____ HARIBO denn heute?

***Walter Schemuth:*** Wir haben in Deutschland fünf Fabriken. Sonst produzieren wir noch in Frankreich, Dänemark, Großbritannien und Österreich.

***Hans Beier:*** Nicht in den USA?

**Walter Schemuth:** Nein, _____ _____ , wir wollen aber bald auch in den USA Gummibärchen _____ , sie werden dort sehr gern gegessen. Das kommt besonders von den G.Is. _____ die in Deutschland stationierten amerikanischen Soldaten immer die Gummibärchen nach Hause geschickt hatten, wurden sie in den USA bekannt. Unser Ex-Außenminister Genscher, der ja auf allen Reisen immer Gummibärchen dabeihatte, hat einmal dem damaligen US-Präsidenten Reagan eine _____ geschenkt.

**Hans Beier:** Und wie viele Menschen arbeiten in dem _____ ?

**Walter Schemuth:** Insgesamt 4 700. Davon ungefähr die Hälfte in Deutschland.

**Hans Beier:** Haben Sie nach der Wiedervereinigung auch in Ostdeutschland investiert?

**Walter Schemuth:** Ja, _____ 1990 haben wir eine Firma in Sachsen gekauft. _____ haben wir unsere Produkte und unser „know how" hingeschickt. _____ sind die Mitarbeiter aus Sachsen für jeweils sechs Wochen hier nach Bonn gekommen, um unsere Firma und unsere Arbeit zu sehen. _____ hat unser Unternehmen in Sachsen ein Zentrallager gebaut, von wo aus wir dann auch auf dem riesigen Markt in Osteuropa erfolgreich sein wollen.

**Hans Beier:** Die Gummibärchen in Deutschland haben 1990 ihre Farbe verändert, sie sind nicht mehr so _____ und es gibt auch keine blauen Bärchen mehr. In den USA gibt es aber noch die alten. Warum?

**Walter Schemuth:** Wenn Sie die Bärchen so richtig bunt machen wollen, brauchen Sie künstliche Lebensmittelfarbe. In Deutschland wollten die Kunden das _____ _____ . Viele Eltern wollten keine Chemikalien in Süßigkeiten für die Kinder. Deshalb haben wir ab 1990 unsere _____ verändert und _____ nur noch natürliche Farbstoffe für die Gummibärchen genommen, also Fruchtsäfte. Und Blau gibt es da nicht, das gibt es nur künstlich. Die Menschen in den USA wollten aber _____ _____ die starken Farben, deshalb sind sie unterschiedlich.

**Hans Beier:** Was sagen denn die Zahnärzte zu den Gummibärchen?

**Walter Schemuth:** Die sagen zu Gummibärchen das Gleiche wie zu allen anderen Süßigkeiten auch. Sehr wichtig ist, sich immer die Zähne zu putzen. Für Kinder und für Erwachsene.

♪ [„HARIBO macht Kinder froh, und Erwachsene ebenso."] ♪

**B. Richtig oder falsch?** Sie hören zehn Aussagen aus dem Interview. Kreuzen Sie in Ihrem Arbeitsbuch **R** an, wenn die Aussage richtig ist. Kreuzen Sie **F** an, wenn sie falsch ist. Sie hören jede Aussage zweimal.

1. \_\_\_ R \_\_\_ F         6. \_\_\_ R \_\_\_ F
2. \_\_\_ R \_\_\_ F         7. \_\_\_ R \_\_\_ F
3. \_\_\_ R \_\_\_ F         8. \_\_\_ R \_\_\_ F
4. \_\_\_ R \_\_\_ F         9. \_\_\_ R \_\_\_ F
5. \_\_\_ R \_\_\_ F        10. \_\_\_ R \_\_\_ F

**C. Was stimmt?** Sie hören zunächst sechs unvollständige Aussagen aus dem Interview. In Ihrem Arbeitsbuch stehen zwei Möglichkeiten, die jeweilige Aussage zu vervollständigen. Kreuzen Sie die richtige an. Sie hören jede Aussage zweimal.

1. ____ a. Mercedes
   ____ b. HARIBO
2. ____ a. Osterhasen
   ____ b. Teddybär
3. ____ a. bald
   ____ b. seit
4. ____ a. 470
   ____ b. 4 700
5. ____ a. Form
   ____ b. Farbe
6. ____ a. Sachsen
   ____ b. Berlin

**D. Nur ein Satz ist richtig.** Sie hören jetzt jeweils zwei Sätze, die sehr ähnlich sind, aber nur einer ist richtig. Kreuzen Sie in Ihrem Arbeitsbuch den richtigen Satz an. Sie hören jeden Satz zweimal.

1. a. ____
   b. ____
2. a. ____
   b. ____
3. a. ____
   b. ____
4. a. ____
   b. ____
5. a. ____
   b. ____
6. a. ____
   b. ____
7. a. ____
   b. ____

**E. *Impulse*-Ratespiel.** Durch die Aussage sollen Sie das passende Wort erraten. Dann schreiben Sie es in Ihr Arbeitsbuch. Sie hören jede Aussage zweimal.

**BEISPIEL**

Hans Riegel Bonn, das steht **dafür.**
*HA RI BO*

1. _____
2. _____
3. _____
4. _____
5. _____

**F. Fragen zum Interview.** Sie hören nun vier Fragen. Manche sind kurz zu beantworten, manche etwas länger. Beantworten Sie die Fragen spontan – Stichworte sind genug. Schreiben Sie Ihre Antworten in Ihr Arbeitsbuch. Sie hören jede Frage zweimal.

**BEISPIEL**

Wie begann die Firma HARIBO?
*Hans Riegel produzierte mit einem Kessel, seine Frau fuhr die Süßigkeiten mit dem Fahrrad aus, das war 1920.*

1. _____
2. _____
3. _____
4. _____

Name _____     Date _____

# Kapitel 5 – Aids

Bevor Sie mit den Übungen zu diesem Beitrag von *Radiomagazin Impulse* anfangen, sollten Sie sich den Beitrag erst einmal ganz anhören. Sie hören einen Bericht über ein Buch zum Thema Aids.

**A. Lückentext.** Sie hören den Bericht noch einmal. Während Sie zuhören, lesen Sie gleichzeitig den Text in Ihrem Arbeitsbuch und ergänzen Sie im Bericht die fehlenden Wörter. Fangen wir an!

***Radiomagazin Impulse:*** Herzlich willkommen zu *Radiomagazin Impulse*. Das Thema der heutigen Sendung: Aids.

Als man Anfang der 80er-Jahre zum ersten Mal von der Krankheit Aids hörte, dachten viele, diese Krankheit haben nur Homosexuelle und Drogenabhängige. Dass _____ _____ _____ , weiß man heute. In Deutschland erkranken pro Tag durchschnittlich fünf Menschen an Aids. Wie viele Menschen HIV-positiv sind, darüber gibt es _____ _____ . Man glaubt, dass es über 50 000 sind. In Relation zur Zahl der Einwohner hat die Schweiz in Europa die meisten Aids-Kranken: Auf 1 Million Einwohner kommen über 300 HIV-Patienten.

Und immer noch gibt es _____ _____ , die Patienten sind mit ihrer Krankheit und dem Sterben allein.

Bücher zum Thema Aids gibt es immer mehr. Jetzt ist aber ein Buch erschienen, das auf den ersten Blick _____ zu einem so ernsten Thema _____ . Oder doch? Meine Kollegin Sabine Fleischer sagt uns Genaueres.

***Sabine Fleischer:*** Die Stars in Comic-Büchern haben eins gemeinsam: Sie sind immer erfolgreich, bleiben jung und aktiv und große Probleme _____ _____ _____ _____ _____ . Im Hamburger Carlsen-Verlag ist ein neuer Comic erschienen, der nicht in dieses Klischee passt. Er hat ein Thema ohne „Happy End". Das Thema ist Aids.

„Weißt du, was ich mir überlegt habe? Ich werde einen Aids-Test machen." Mit diesen Worten beginnt für Tim, einen jungen, homosexuellen Kunststudenten „Die verlorene _____", so der Titel des Buches. Und plötzlich ist dann die Welt ganz anders. Er muss erfahren, dass er HIV-positiv ist. Die Familie, die Freunde, die Kollegen, alle haben Schwierigkeiten, mit Tim über die _____ zu reden.

Liebe findet er nur bei den neuen Freunden, den Leuten aus der Aids-Gruppe. Hier _____ er Hoffnung, hier kann er wieder Mut zum Leben finden. Die Zukunft scheint zwar verloren, aber nicht die Gegenwart. Er arbeitet in einem Theaterprojekt über die Krankheit Aids. Doch – wie gesagt, es gibt _____ „Happy End" – am Ende siegt das Virus. Tim _____ .

Einer der Autoren, Andreas Knigge, sagt, dass zum Beispiel in den USA auch das _____ Holocaust in einem Comic verarbeitet wurde. Mit dem Norweger Jon Jonsson und der Zeichnerin Annie Goetzinger hatte er dann die Idee, das Thema Aids in die Comic-Literatur zu bringen. „_____ bei jungen Leuten ist der Comic sehr populär", sagt er.

Vor allem für junge Leute ist dieses Buch gemacht, das auch Informationen zum Thema Aids gibt. Für viele _____ wird dieser Comic ja vielleicht das Erste sein, was sie über die Krankheit hören, die das Immunsystem _____ , gegen die es _____ _____ gibt und die immer tödlich ist. Warum ein Homosexueller die Hauptfigur ist, dazu sagen die Autoren: Das ist immer noch der klassische Fall.

Aber _____ _____ der Tod Tims am Ende des Buches soll über das Thema Aids aufklären. Vor allem, was auf dem Weg vom Beginn der Krankheit bis zum Ende _____ , wird beschrieben. Tim geht es immer schlechter, sein _____ wird immer schwächer. Tim wird mit der Krankheit _____ _____ _____ . Doch zeigt das Buch, wie wichtig gerade dann die Liebe der Freunde ist. Als Tim wusste, dass alles _____ ist, da ist er besonders _____ von den Gefühlen anderer Menschen. Diese Gefühle findet Tim in der Gruppe und das ist es, was ihm die Gegenwart noch lebenswert macht. Ohne diese Liebe wäre er _____ geworden.

Copyright © Houghton Mifflin Company. All rights reserved.

Komisch oder lustig wie so viele andere ist dieser Comic nicht und so _____ die Autoren auch _____ , dass manche Comic-Fans mit diesem Buch ihre Schwierigkeiten haben werden. Der Tod ist eben ein schwieriges Thema, im Leben, im Buch und erst recht im Comic.

*Radiomagazin Impulse:* Frau Fleischer, vielen Dank für diesen Bericht.

**B. Richtig oder falsch?** Sie hören zehn Aussagen aus dem Bericht. Kreuzen Sie in Ihrem Arbeitsbuch **R** an, wenn die Aussage richtig ist. Kreuzen Sie **F** an, wenn sie falsch ist. Sie hören jede Aussage zweimal.

1. ____ R ____ F
2. ____ R ____ F
3. ____ R ____ F
4. ____ R ____ F
5. ____ R ____ F
6. ____ R ____ F
7. ____ R ____ F
8. ____ R ____ F
9. ____ R ____ F
10. ____ R ____ F

**C. Was stimmt?** Sie hören zunächst sechs unvollständige Aussagen aus dem Bericht. In Ihrem Arbeitsbuch stehen zwei Möglichkeiten, die jeweilige Aussage zu vervollständigen. Kreuzen Sie die richtige an. Sie hören jede Aussage zweimal.

1. ____ a. wenige
   ____ b. viele

2. ____ a. sehr genaue
   ____ b. keine genauen

3. ____ a. jung und erfolgreich
   ____ b. alt und erfolglos

4. ____ a. Aids-Test
   ____ b. Gruppen-Fest

5. ____ a. neuen
   ____ b. alten

6. ____ a. Vergangenheit
   ____ b. Gegenwart

7. ____ a. kein
   ____ b. ein

8. ____ a. leichtes
   ____ b. schwieriges

**D. Was passt nicht?** Sie hören nun jeweils drei Wörter. Eins der Wörter hat nichts mit unserem Bericht zu tun. Welches ist das? Schreiben Sie es in Ihr Arbeitsbuch. Sie hören jede Dreiergruppe zweimal.

**BEISPIEL**

schreiben / zeichnen / singen
*singen* (Beim Comic wird ein Text geschrieben und es werden Bilder gezeichnet, aber gesungen wird er nicht.)

1. _____
2. _____
3. _____
4. _____

5. _____
6. _____
7. _____
8. _____

**E. *Impulse*-Ratespiel.** Durch die Aussage sollen Sie das passende Wort erraten. Dann schreiben Sie es in Ihr Arbeitsbuch. Sie hören jede Aussage zweimal.

**BEISPIEL**

Für **sie** wurde der Aids-Comic gemacht.
*die Jugendlichen*

1. _____
2. _____
3. _____

4. _____
5. _____

**F. Fragen zum Bericht.** Sie hören nun fünf Fragen. Manche sind kurz zu beantworten, manche etwas länger. Beantworten Sie die Fragen spontan – Stichworte sind genug. Schreiben Sie Ihre Antworten in Ihr Arbeitsbuch. Sie hören jede Frage zweimal.

**BEISPIEL**

Warum wurde der Comic hauptsächlich für Jugendliche geschrieben?
*Um sie zu informieren und aufzuklären*

1. _____
2. _____
3. _____
4. _____
5. _____

Name _____  Date _____

# Kapitel 6 – Die Wiedervereinigung

Bevor Sie mit den Übungen zu diesem Beitrag von *Radiomagazin Impulse* anfangen, sollten Sie sich den Beitrag erst einmal ganz anhören. Sie hören Äußerungen von Schülern in Ost- und Westdeutschland über ihr Leben nach der Wiedervereinigung.

**A. Lückentext.** Sie hören die Meinungen der Schüler noch einmal. Während Sie zuhören, lesen Sie gleichzeitig den Text in Ihrem Arbeitsbuch und ergänzen im Interview die fehlenden Wörter. Fangen wir an!

***Radiomagazin Impulse:*** Guten Tag, liebe Zuhörer und Zuhörerinnen. Das Thema der heutigen Sendung: Die Wiedervereinigung Deutschlands.
   Wir erinnern uns alle an die Fernsehbilder vom Abend des 9. November 1989. Die Berliner _____ fiel, die deutsch-deutsche Grenze wurde geöffnet. Am 3. Oktober 1990 waren dann beide deutschen Staaten wieder _____ , es gab keine DDR mehr, aber immer noch gab es Wessis und Ossis. Die meisten Deutschen fanden es gut, dass _____ _____ , _____ Deutschland getrennt hatte, nicht mehr existierte. Nach dem Zweiten Weltkrieg hatten die Alliierten Deutschland geteilt, daraus entstanden die DDR und die Bundesrepublik Deutschland. Jetzt hieß es wieder Deutschland. Doch schnell wurde klar, dass diese Einheit viel Geld kostet. Worüber am 9. November noch _____ wurde, war für viele Deutsche plötzlich ein großes Problem. Doch was denken _____ , _____ die Teilung Deutschlands nicht so intensiv erlebt haben, _____ _____ aber die Wiedervereinigung das Leben verändert hat? Meine Kollegin Susanne Schneider hat Schüler in Ost und West befragt. Hier einige Antworten:

**Peter:** Ich heiße Peter. Ich bin in der zehnten Klasse und komme aus dem Westen. Ich fand es nicht gut, dass _____ , _____ nach dem 9. November aus dem Osten über die Grenze in den Westen ging, hundert Mark von uns bekam. Den Ossis hat man alles geschenkt, und die _____ auch weniger Steuern zu bezahlen. Viele Leute im Westen sagten, die Ossis kommen nur zu uns, weil unsere Ökonomie besser ist. Die wollten nur unser Geld, _____ _____ wir aber auch hart arbeiten müssen.

**Jürgen:** Ich heiße Jürgen, bin in der neunten Klasse und komme aus dem Osten. Von mir aus kann man die Mauer wieder _____ . Was nützt mir die Reisefreiheit, die ich jetzt habe, wenn ich kein Geld zu verreisen habe. Ich finde diesen neuen Staat sehr schlecht. Mir persönlich geht es zwar jetzt besser. Was ist aber mit all den Familien, bei _____ beide Elternteile zu den vielen Arbeitslosen gehören, die wir jetzt haben? Die haben doch keine _____ . Die können ihre Wohnungen nicht mehr bezahlen, weil sie zu teuer geworden sind.

**Anna:** Ich heiße Anna. Ich komme aus dem Osten und bin in der zehnten Klasse. Die deutsche Einheit war eine gute _____ . Wir können jetzt reisen, wohin wir wollen. Schlimm finde ich aber, dass so viele Menschen arbeitslos sind. Für die Bevölkerung in Ost und West hat sich vieles verändert. _____ _____ aus dem Westen, _____ jetzt weniger Geld haben, mögen uns nicht, nur weil wir aus dem Osten kommen. Wir müssen noch lernen, miteinander zu leben, zu arbeiten und etwas Neues zu _____ .

**Rainer:** Ich heiße Rainer. Ich bin in der neunten Klasse und komme aus dem Westen. Erst fand ich es ganz toll die Mauer umzuwerfen. Doch jetzt wäre es besser, sie wieder _____ . Wir haben hier im Westen so viele Probleme seit der Wiedervereinigung. _____ _____ im Osten, _____ ja kein Geld hatten, wollen jetzt alles haben und wir müssen das alles bezahlen. _____ haben wir nun auch viele Arbeitslose, nicht genug Wohnungen und andere soziale Probleme. Gut finde ich aber, dass Berlin jetzt wieder die Hauptstadt Deutschlands ist.

**66** IMPULSE

***Thomas:*** Ich heiße Thomas, bin in der zehnten Klasse und komme aus dem _____. Die deutsche Wiedervereinigung habe ich nur im Fernsehen gesehen. Doch jetzt merke ich persönlich, dass es mir schlechter geht als vorher. Bei meinen Ferienjobs verdiene ich jetzt weniger. Auch mein Vater schimpft den ganzen Tag, weil wir so viel für den Osten _____ müssen. Wir haben doch hier im Westen auch viele Probleme, aber dafür ist jetzt kein Geld mehr da. Der Staat gibt _____ _____, _____ wir hier verdienen, an den Osten. Und die freuen sich nicht richtig über die Wiedervereinigung, sondern schimpfen jetzt wegen der Arbeitslosigkeit. Wir können doch nicht alles bezahlen.

***Maria:*** Ich heiße Maria, komme aus dem Osten und bin in der elften Klasse. Ich finde es gut, dass ich jetzt meine _____ sagen kann, ohne Angst zu haben. Aber die Leute hier im Osten wollen zu schnell nur noch das Geld haben. Alles muss nun aus dem Westen kommen, nur dann ist es gut. Aber wir hatten auch _____ _____ _____, _____ aber jetzt alle vergessen sind. Ich ärgere mich, dass die Leute hier so unkritisch sind und alle so schnell wie die im Westen sein wollen. Aber trotzdem sehe ich die deutsche Wiedervereinigung mit viel _____. Ich bin froh, dass es keine Mauer mehr gibt und dass ich mir selbst ein Bild von der Welt machen kann. Wir, die Ossis und die Wessis, wir müssen aber noch lernen, miteinander zu leben und voneinander zu lernen. Ich glaube, wir brauchen noch _____ zehn Jahre, bis wir **ein** Staat sind.

**B. Richtig oder falsch?** Sie hören zehn Aussagen zu den Meinungen der Schüler. Kreuzen Sie in Ihrem Arbeitsbuch **R** an, wenn die Aussage richtig ist. Kreuzen Sie **F** an, wenn sie falsch ist. Sie hören jede Aussage zweimal.

1. ___ R ___ F
2. ___ R ___ F
3. ___ R ___ F
4. ___ R ___ F
5. ___ R ___ F

6. ___ R ___ F
7. ___ R ___ F
8. ___ R ___ F
9. ___ R ___ F
10. ___ R ___ F

**C. Was stimmt?** Sie hören zunächst zehn unvollständige Aussagen aus dem Bericht. In Ihrem Arbeitsbuch stehen zwei Möglichkeiten, die jeweilige Aussage zu vervollständigen. Kreuzen Sie die richtige an. Sie hören jede Aussage zweimal.

1. ___ a. 3. Oktober 1990
   ___ b. 9. November 1989
2. ___ a. wenige
   ___ b. viele
3. ___ a. reisen
   ___ b. essen
4. ___ a. Westen; Osten
   ___ b. Osten; Westen
5. ___ a. teuer
   ___ b. billig

6. ___ a. nur Nachteile
   ___ b. Vorteile und Nachteile
7. ___ a. Westen
   ___ b. Osten
8. ___ a. vieles
   ___ b. nichts
9. ___ a. Frankfurt
   ___ b. Berlin
10. ___ a. ungefähr
    ___ b. unmöglich

Copyright © Houghton Mifflin Company. All rights reserved.

**D. Wer sagt was?** Sie hören jetzt fünf Aussagen von deutschen Jugendlichen. Vergleichen Sie sie mit den Aussagen im Hörtext. Was glauben Sie, wer das jeweils sagt: Ein Jugendlicher aus dem Osten, also der ehemaligen DDR, oder ein Jugendlicher aus dem Westen, der alten Bundesrepublik Deutschland? Schreiben Sie auch, warum Sie das glauben. Sie hören jede Aussage zweimal.

**BEISPIEL**

Als die Mauer geöffnet wurde, war ich in München. Ich habe die Freude gesehen, aber nur im Fernsehen. Ich fand das gut, dass die alle zu uns kommen konnten.
*Westen – er war in München; alle konnten zu „uns" kommen, von Ost nach West.*

1. _____
2. _____
3. _____
4. _____
5. _____

**E. *Impulse*-Ratespiel.** Durch die Aussage sollen Sie das passende Wort erraten. Dann schreiben Sie es in Ihr Arbeitsbuch. Sie hören jede Aussage zweimal.

**BEISPIEL**

In Berlin gingen am 9. November 1989 tausende Menschen von **hier nach dort**.
*Ost nach West*

1. _____
2. _____
3. _____
4. _____
5. _____

**F. Fragen zum Bericht.** Sie hören nun fünf Fragen. Manche sind kurz zu beantworten, manche etwas länger. Beantworten Sie die Fragen spontan – Stichworte sind genug. Schreiben Sie Ihre Antworten in Ihr Arbeitsbuch. Sie hören jede Frage zweimal.

**BEISPIEL**

Warum war die Freude in Deutschland am 9. November 1989 so groß?
*Keine Grenze mehr; 40 Jahre der Teilung waren vorbei; Menschen aus dem Osten durften in den Westen.*

1. _____
2. _____
   _____

3. _____
   _____
4. _____
   _____
5. _____
   _____

Name _____ Date _____

# Kapitel 7 – Als Arzt in Afrika

Bevor Sie mit den Übungen zu diesem Beitrag von *Radiomagazin Impulse* anfangen, sollten Sie sich den Beitrag erst einmal ganz anhören. Sie hören ein Interview von Barbara Klein mit Renate Meier, einer Expertin zum Thema Entwicklungshilfe für Länder der sogenannten „Dritten Welt".

**A. Lückentext.** Sie hören das Interview noch einmal. Während Sie zuhören, lesen Sie gleichzeitig den Text in Ihrem Arbeitsbuch und ergänzen Sie im Interview die fehlenden Wörter. Fangen wir an!

***Radiomagazin Impulse:*** Guten Tag! Das Thema der heutigen Sendung: Entwicklungshilfe aus Deutschland für die Länder der sogenannten „Dritten Welt". Viele _____ sie, andere sagen, sie sei _____ . Es gibt tausende Projekte in allen armen Ländern der Welt. Aber in der Politik spielt die Entwicklungshilfe nur eine sehr kleine Rolle. Dabei gibt es für die _____ in Deutschland ein eigenes Ministerium. Doch wie funktioniert in Deutschland die offizielle staatliche Entwicklungshilfe? Barbara Klein hat sich bei Renate Meier informiert. Sie ist eine Expertin für Entwicklungshilfe.

***Barbara Klein:*** Seit 1961 gibt es das Bundesministerium für _____ _____ . Das ist das erste Mal, dass Entwicklungshilfe ein eigenes Ministerium erhielt. _____ wichtig ist für Deutschland die Entwicklungshilfe?

***Renate Meier:*** Deutschland zerstörte im Zweiten Weltkrieg ganz Europa und zum Schluss sich selbst. Nach dem Krieg war das Land isoliert und auf die _____ anderer Länder angewiesen. Heute gehört Deutschland zu den reichsten Ländern der Welt. Das ist für Deutschland eine klare Verpflichtung, selbst nun auch ärmeren Ländern zu helfen.

***Barbara Klein:*** Heute weiß man, dass Nord und Süd, West und Ost nur gemeinsam eine bessere Welt aufbauen können, dass man _____ muss. Wieso sind denn die armen und die reichen Länder nicht _____ ?

***Renate Meier:*** Erstens braucht Deutschland als größtes Exportland neue Märkte, es ist also an einer _____ _____ in den Ländern der sogenannten „Dritten Welt" interessiert.
   Zweitens, wenn wir den armen Ländern nicht helfen, kommen Millionen Menschen zu uns, weil sie in ihrem Land keine _____ mehr haben, und wollen in den reichen Industrienationen eine neue Existenz aufbauen.
   Entwicklungshilfe ist also auch Selbsthilfe für die reichen Länder und nicht nur humane und soziale _____ .

***Barbara Klein:*** Ist Entwicklungshilfe nicht schlecht für das _____ der Entwicklungsländer?

***Renate Meier:*** Nein, denn das Motto unserer Hilfe heißt „Hilfe zur Selbsthilfe". _____ _____ _____ geholfen werden muss, das sollen die jeweiligen Länder selbst _____ .

***Barbara Klein:*** Bekommen alle armen Länder Entwicklungshilfe?

***Renate Meier:*** Nein, die _____ der Bundesrepublik hat 1991 Kriterien aufgestellt, nach denen sie Hilfe finanziert. Das jeweilige Land muss die Menschenrechte akzeptieren, muss demokratisch regiert werden, muss eine freie Wirtschaft haben und muss auch eine eigene Hilfe für die Bevölkerung organisieren.

**70** IMPULSE

*Barbara Klein:* _____ _____ _____ Geld gibt denn Deutschland aus?

*Renate Meier:* 1990 hat Deutschland fast 10,3 Milliarden DM für entwicklungspolitische Zusammenarbeit ausgegeben, das sind 0,42 Prozent des Bruttosozialprodukts oder GNP, wie man heute international sagt.

*Barbara Klein:* Und _____ _____ _____ ?

*Renate Meier:* Erstens in Form von finanzieller Hilfe, also Kredite. Die _____ müssen dann aber nicht oder nur mit wenig Zinsen zurückgezahlt werden. Mit diesem Geld werden Projekte finanziert, wie zum Beispiel der Bau neuer Straßen oder _____ .
  Eine andere Form der Hilfe ist die technische Zusammenarbeit. Hier werden mit dem Land gemeinsam _____ organisiert. Deutsche Experten führen solche Programme durch, auch die Maschinen kommen dann aus Deutschland.
  Der dritte Bereich ist die personelle Zusammenarbeit. Hier werden vor allem _____ aus dem Entwicklungsland zu Experten ausgebildet. Diese arbeiten dann an Projekten mit den deutschen Mitarbeitern zusammen. 1990 arbeiteten neben 1 412 deutschen Experten bereits 3 006 Experten aus den jeweiligen Entwicklungsländern.

*Barbara Klein:* _____ wird denn besonders viel geholfen?

*Renate Meier:* Das ändert sich immer. Zum Beispiel sollen die Projekte möglichst _____ sein. Auch soll besonders den Frauen geholfen werden, damit sie qualifizierte Arbeit finden können.
  Besonders _____ ist aber immer noch, ein _____ gegen den Hunger in der Welt zu finden. Der Hunger muss _____ . Da müssen wir den armen Ländern in der _____ helfen. Erst wenn die armen Länder selbst genug zu essen produzieren, können wir reiche _____ und die anderen Industrienationen _____ sein. Solange aber Menschen noch verhungern, muss die Hilfe _____ .

*Radiomagazin Impuse:* Vielen Dank an Barbara Klein und Renate Meier.

**B. Richtig oder falsch?** Sie hören zehn Aussagen aus dem Interview. Kreuzen Sie in Ihrem Arbeitsbuch **R** an, wenn die Aussage richtig ist. Kreuzen Sie **F** an, wenn sie falsch ist. Sie hören jede Aussage zweimal.

1. ___ R ___ F
2. ___ R ___ F
3. ___ R ___ F
4. ___ R ___ F
5. ___ R ___ F
6. ___ R ___ F
7. ___ R ___ F
8. ___ R ___ F
9. ___ R ___ F
10. ___ R ___ F

Copyright © Houghton Mifflin Company. All rights reserved.

**C. Was stimmt?** Sie hören zunächst acht unvollständige Aussagen aus dem Interview. In Ihrem Arbeitsbuch stehen zwei Möglichkeiten, die jeweilige Aussage zu vervollständigen. Kreuzen Sie die richtige an. Sie hören jede Aussage zweimal.

1. ____ a. Entwicklungshilfe
   ____ b. Wissenschaft und Kultur
2. ____ a. ärmsten
   ____ b. reichsten
3. ____ a. alleine
   ____ b. gemeinsam
4. ____ a. Zukunft
   ____ b. Vergangenheit
5. ____ a. armen Länder
   ____ b. reichen Länder
6. ____ a. notwendig
   ____ b. nicht notwendig
7. ____ a. die Ausbildung
   ____ b. der Hunger
8. ____ a. wichtiger
   ____ b. wirtschaftlicher

**D. Wie heißt die Frage?** Sie hören jetzt sechs Antworten aus den Informationen des Hörtextes. In Ihrem Arbeitsbuch stehen die jeweiligen Fragen, aber unvollständig. Schreiben Sie das fehlende Fragewort in Ihr Arbeitsbuch. Sie hören jede Antwort zweimal.

1. _____ _____ Geld hat Deutschland 1990 für Entwicklungshilfe ausgegeben?
2. Seit _____ gibt es in Deutschland ein Ministerium für Entwicklungshilfe?
3. _____ braucht Deutschland die Entwicklungsländer?
4. _____ heißt das Ziel der deutschen Entwicklungshilfe?
5. _____ hat Deutschland Kriterien für die Entwicklungshilfe aufgestellt?
6. _____ _____ deutsche Experten arbeiten in Entwicklungsländern?

**E. *Impulse*-Ratespiel.** Durch die Aussage sollen Sie das passende Wort erraten. Dann schreiben Sie es in Ihr Arbeitsbuch. Sie hören jede Aussage zweimal.

**BEISPIEL**

Wenn man einem anderen Geld zurückgeben muss, dann hat man **das.**
*Schulden*

1. _____
2. _____
3. _____
4. _____
5. _____
6. _____

**F. Fragen zum Interview.** Sie hören nun fünf Fragen. Manche sind kurz zu beantworten, manche etwas länger. Beantworten Sie die Fragen spontan – Stichworte sind genug. Schreiben Sie Ihre Antworten in Ihr Arbeitsbuch. Sie hören jede Frage zweimal.

**BEISPIEL**

Müssen Entwicklungsländer ihre Schulden an Deutschland zurückzahlen?
*Nein,* oder *wenn ja, dann mit wenig Zinsen*

1. _____
2. _____
3. _____
4. _____
5. _____
   _____

Name _____  Date _____

# Kapitel 8 – Mit der Bahn durch Europa

Bevor Sie mit den Übungen zu diesem Beitrag von *Radiomagazin Impulse* anfangen, sollten Sie sich den Beitrag erst einmal ganz anhören. Sie hören Äußerungen von zwei Männern über ihre Erfahrungen mit dem InterRail-Ticket.

**A. Lückentext.** Sie hören das Interview noch einmal. Während Sie zuhören, lesen Sie gleichzeitig den Text des Interviews in Ihrem Arbeitsbuch und ergänzen Sie im Interview die fehlenden Wörter. Fangen wir an!

*Radiomagazin Impulse:* Guten Tag, meine Damen und Herren. Das Thema heute: Mit der Bahn durch Europa. Sommerzeit ist Reisezeit. In keinem anderen Land wird der Urlaub so _____ genommen wie in Deutschland. Und gerade in ihrer Jugend gehen viele auf Entdeckungsreise.
   Die Eisenbahn in Europa macht allen Jugendlichen bis 26 Jahren ein besonderes _____: Das InterRail-Ticket. _____ Hamburger Bahnhof steht meine Kollegin Susanne Müller mit zwei interessanten Gesprächspartnern.

*Susanne Müller:* Ja, guten Tag. Neben mir stehen Herr Michael Schulte, er ist Mitarbeiter der Deutschen Bahn, und Peter Schröder, er kommt gerade von einer Tour durch Europa mit der _____ zurück. Peter, wie war _____ _____ ?

*Peter Schröder:* Toll, ganz wunderbar. Ich habe mich _____ _____ und viel von _____ gesehen.

*Susanne Müller:* Wo bist du denn überall gewesen?

*Peter Schröder:* Ich bin _____ _____ Süden Europas gefahren, nach Frankreich, Spanien und Portugal. Ich habe _____ _____ vier Wochen, die ich mit dem InterRail-Ticket zur Verfügung hatte, an jedem Ort ungefähr drei Tage _____ und bin dann weitergefahren. So hatte ich eine gute Möglichkeit, die Städte und Menschen, die Kultur und die Atmosphäre der jeweiligen Orte ein bisschen kennen zu lernen.

*Susanne Müller:* Welche Stadt hat dir besonders gut gefallen?

*Peter Schröder:* Lissabon, die _____ Portugals, fand ich besonders faszinierend. Dort bin ich etwas länger geblieben, um etwas über den Alltag der Menschen _____ _____ Stadt zu erfahren.

*Susanne Müller:* Das Ticket bietet doch noch viel mehr _____ . Du hättest in den Norden fahren können, _____ noch bis in die Türkei und sogar nach Marokko. Wieso hast du das nicht ausgenutzt?

*Peter Schröder:* Ich glaube, dass vier Wochen zwar eine lange Zeit ist, aber nicht genug, um ganz Europa gründlich kennen zu lernen. Dazu sind die Kulturen von zum Beispiel Schweden oder Griechenland nun doch zu verschieden. Ich hätte bei einer solchen Riesentour _____ _____ Europa doch nur die _____ der Länder kennen gelernt und nicht die Menschen und die _____ . Ich bin erst 22 Jahre alt. Da kann ich noch oft genug die Vorteile des InterRail-Tickets ausnutzen und ein anderes Mal _____ _____ Norden fahren.

*Susanne Müller:* Hast du auf deiner Reise viele _____ kennen gelernt?

*Peter Schröder:* Ja, eine ganze Menge. Natürlich meistens nur andere Rucksackreisende, aber sehr international, Engländer, Iren, Franzosen und sogar einen Finnen habe ich _____ .

Copyright © Houghton Mifflin Company. All rights reserved.

**74** IMPULSE

*Susanne Müller:* Herr Schulte, wie sehen Sie denn von der Seite der Eisenbahn aus das InterRail-Ticket?

*Michael Schulte:* Ich finde es ist eine sehr gute Sache. Ein tolles und _____ Angebot für die _____, auf die Reise zu gehen. Und das gleich durch ganz Europa. Das ist einfach eine Superchance.

*Susanne Müller:* Gibt es für die Bahn denn dabei auch irgendwelche Probleme?

*Michael Schulte:* Ach ja, Probleme gibt es natürlich immer. Die, die das InterRail-Ticket kaufen, haben natürlich nicht sehr viel Geld für den Urlaub. Da _____ natürlich viele in den _____ und die Bahn wird dann zum Hotel. Und wenn dann so ein ganzer Waggon voller Rucksackreisender ist, wird dann auch oft eine Party gefeiert. Das ist dann ein Nachteil für die anderen Fahrgäste. Und auch _____ _____ Bahnhöfen gibt es schon 'mal Ärger, aber das ist alles nicht so schlimm, das sind _____.

*Susanne Müller:* Wie funktioniert denn die internationale Zusammenarbeit bei der Bahn?

*Michael Schulte:* Ja, sehen Sie, das ist natürlich schwierig. Es ist ein Problem vor allem für die _____ Länder. Aus Deutschland, den Niederlanden oder England fahren viel mehr junge Leute _____ _____ als aus Griechenland, der Türkei oder Spanien. Und dann fahren die jungen Leute aber größtenteils genau _____ _____ Länder. Da müssen wir einen finanziellen Ausgleich schaffen. Der deutsche Jugendliche kauft sein _____ Ticket, sagen wir, hier in Hamburg bei der Deutschen Bahn und fährt dann aber vier Wochen umsonst, wie der junge Mann hier, durch Spanien und Portugal, anstatt die Karten _____ _____ zu kaufen, so dass sie das Geld für die Karten auch selbst bekommen würden. Da beschweren sich natürlich die Länder über die vielen _____, die ja dann auch noch relativ wenig Geld _____ _____ bringen. Aber diese Probleme sind alle zu lösen.

*Susanne Müller:* Ja, dann vielen Dank Ihnen beiden für dieses interessante Gespräch.

**B. Richtig oder falsch?** Sie hören zehn Aussagen aus dem Interview. Kreuzen Sie in Ihrem Arbeitsbuch **R** an, wenn die Aussage richtig ist. Kreuzen Sie **F** an, wenn sie falsch ist. Sie hören jede Aussage zweimal.

1. ____ R  ____ F
2. ____ R  ____ F
3. ____ R  ____ F
4. ____ R  ____ F
5. ____ R  ____ F
6. ____ R  ____ F
7. ____ R  ____ F
8. ____ R  ____ F
9. ____ R  ____ F
10. ____ R  ____ F

**C. Was stimmt?** Sie hören zunächst acht unvollständige Aussagen aus dem Interview. In Ihrem Arbeitsbuch stehen zwei Möglichkeiten, die jeweilige Aussage zu vervollständigen. Kreuzen Sie die richtige an. Sie hören jede Aussage zweimal.

1. \_\_\_\_ a. Flugticket
   \_\_\_\_ b. InterRail-Ticket
2. \_\_\_\_ a. verschieden
   \_\_\_\_ b. ähnlich
3. \_\_\_\_ a. wollte
   \_\_\_\_ b. wollte nicht
4. \_\_\_\_ a. auf den
   \_\_\_\_ b. in den
5. \_\_\_\_ a. keine Probleme
   \_\_\_\_ b. auch Probleme
6. \_\_\_\_ a. wenig
   \_\_\_\_ b. viel
7. \_\_\_\_ a. der Zug
   \_\_\_\_ b. das Auto
8. \_\_\_\_ a. Ausnahmen
   \_\_\_\_ b. Vorteile

**D. Wie heißt die Frage?** Sie hören jetzt fünf Antworten aus den Informationen des Hörtextes. Formulieren Sie dazu die passenden Fragen der Journalistin. Sie hören jede Antwort zweimal.

1. _____
2. _____
3. _____
4. _____
5. _____

**E. *Impulse*-Ratespiel.** Durch die Aussage sollen Sie das passende Wort erraten. Dann schreiben Sie es in Ihr Arbeitsbuch. Sie hören jede Aussage zweimal.

**BEISPIEL**

Mit **dieser** Karte kann man vier Wochen mit der Bahn durch Europa reisen.
*InterRail-Ticket*

1. _____
2. _____
3. _____
4. _____
5. _____

**F. Fragen zum Interview.** Sie hören nun fünf Fragen. Manche sind kurz zu beantworten, manche etwas länger. Beantworten Sie die Fragen spontan – Stichworte sind genug. Schreiben Sie Ihre Antworten in Ihr Arbeitsbuch. Sie hören jede Frage zweimal.

**BEISPIEL**

Welche Reisepläne hat Peter für die Zukunft?
*Er will noch öfter mit dem InterRail-Ticket fahren, dann vielleicht in den Norden.*

1. _____
2. _____
3. _____
4. _____
5. _____
   _____
   _____

Name _____   Date _____

# Kapitel 9 – Amerikas Indianer

Bevor Sie mit den Übungen zu diesem Beitrag von *Radiomagazin Impulse* anfangen, sollten Sie sich ihn erst einmal ganz anhören. Sie hören ein Interview mit Hans Schneider über das Interesse der Deutschen an den Indianern in Amerika.

**A. Lückentext.**  Sie hören das Interview noch einmal. Während Sie zuhören, lesen Sie gleichzeitig den Text des Interviews in Ihrem Arbeitsbuch und ergänzen Sie im Interview die fehlenden Wörter. Fangen wir an!

***Radiomagazin Impulse:***  Herzlich willkommen, liebe Zuhörer und Zuhörerinnen, zu unserer heutigen Sendung. Das Thema heute: Das Interesse der Deutschen an den Indianern in Amerika.
   Jedes Kind in Deutschland wollte schon irgendwann einmal ein _____ sein. Doch nicht nur die Kinder, auch Männer und Frauen _____ _____ von der Arbeit, indem sie ihren Federschmuck anziehen, in Zelten leben und für ein Wochenende Indianer spielen. Woher kommt diese Faszination in Deutschland über das Leben der _____ Amerikas? Unser Reporter Willy Kurz hat sich einmal mit einem _____ der Indianerkultur unterhalten.

***Willy Kurz:***  Ja, neben mir sitzt Hans Schneider, er ist 41 Jahre alt, Lehrer und so etwas wie ein Indianer-Spezialist. Herr Schneider, wann haben Sie sich zum ersten Mal für Indianer interessiert?

***Hans Schneider:***  Das war schon als Kind, so mit acht, neun Jahren. Wie alle Kinder in dem Alter habe ich damals sehr viele _____ von Karl May gelesen. Ich war fasziniert von Winnetou und Old Shatterhand. Auf der Straße _____ damals nur Cowboy und Indianer _____ und jeder wollte der _____ Winnetou sein. Auch im Karneval kann man die Begeisterung für Amerika sehen. Bei den Kostümen gibt es zwei Favoriten: Cowboy und Indianer.

***Willy Kurz:***  Aber das Indianerbild _____ doch nicht nur von Karl May _____ ?

***Hans Schneider:***  Nein, ganz sicher nicht. Eine große Rolle nach dem Zweiten Weltkrieg spielten sicherlich Filme. Seitdem _____ im Fernsehen oder im Kino sehr viele amerikanische Filme _____ und darunter _____ viele Western. Davon wurden wir als Kinder auch stark geprägt. Und auch Comics _____ _____ _____ und die kamen auch alle aus den USA.

***Willy Kurz:***  Woher kam Ihrer Meinung nach diese Faszination?

***Hans Schneider:***  Ich glaube, es war das Exotische. Mit einem Gefühl von Freiheit wollten wir ein ganz _____ Leben _____, vor allem ohne Schule. Wir hatten ja auch ein sehr idealisiertes Bild von den Indianern. Sie lebten in der Natur, unserer Meinung nach waren sie frei. Und das _____ dann von den weißen Amerikanern, den Cowboys und Soldaten, _____ . Unsere Sympathien damals _____ den Indianern. So wollten wir auch leben, mit Abenteuer und in Freiheit.

***Willy Kurz:***  Ein Bild, das ja gerade von Karl May mit seinen Indianergeschichten _____ _____ . Er hatte jedoch noch nie einen Indianer gesehen, als er seine Bücher schrieb.

***Hans Schneider:***  Ja, darüber muss man _____ . Für uns Kinder waren seine Romane einfach eine andere Welt, eine interessante und gute Welt. Da gab es den guten Indianer, Winnetou, Häuptling der Apachen und da gab es den guten Weißen, den _____ Old Shatterhand, der aus Deutschland nach Amerika gekommen war. Man konnte sich also mit beiden identifizieren. Und beide waren auch noch Blutsbrüder. Das war eine ideale Freundschaft zwischen Rot und Weiß.

*Willy Kurz:* Bei vielen, die als Kinder von Indianern fasziniert sind, geht das dann vorbei, wenn sie älter werden. Bei Ihnen ist diese Faszination _____ . Wieso?

*Hans Schneider:* Ich wollte dann mehr wissen, vor allem mehr Fakten. Ich habe mich dann für die _____ der Indianer interessiert und für ihre Geschichte, nicht nur für die Zeit der Wildwestfilme, sondern auch für die lange Tradition der Indianerkultur. Ich _____ vor allem von dem Buch „Begrabt mein Herz an der Biegung des Flusses" von Dee Brown damals sehr geprägt. Es zeigt, dass das politische Unrecht von den Weißen begangen wurde. Dieses Buch beschreibt die _____ Schuld.

*Willy Kurz:* Wurde Ihr _____ von den Indianern dann sehr _____ ?

*Hans Schneider:* Ja, natürlich. Es hat sich intensiver _____ . Es gab nicht mehr nur Gut und Böse. Die Indianer hatten mit ihrer Lebensform keine Chance gegen die weißen _____ . Und diese glaubten, das _____ zu haben, die Indianer zu _____ und ihre Kultur zu zerstören. Erst heute wissen wir, dass die weiße Industriegesellschaft von den Indianern auch einiges hätte lernen können, bei allem, was mit dem Leben in der Natur zu tun hat. Doch _____ viel zu spät _____ , wie wichtig das Wissen der Indianer für uns heute sein könnte.

*Willy Kurz:* Haben Sie denn mittlerweile auch Indianer persönlich kennen gelernt?

*Hans Schneider:* Ja, ich war jetzt schon oft im Westen der USA, in den Reservaten und habe auch mit vielen Indianern von verschiedenen _____ sprechen können. Ich war fasziniert und habe sehr viel gelernt. Ihr Leben ist natürlich immer noch sehr schwer und es _____ immer noch viel falsch _____ auf beiden Seiten. Nach all den Gesprächen kann ich heute nur eins sagen. Wenn uns durch die Geschichte der Indianer in den USA etwas _____ _____ , dann ist es, dass man anderen Kulturen gegenüber immer sehr sensibel sein muss, dass es kein Besser oder Schlechter gibt, keine absolute Wahrheit, sondern nur eine andere. Und diese andere _____ kann dann machmal sehr, sehr wichtig werden. Auch für uns heute.

*Willy Schröder:* Herr Schneider, vielen Dank für das Gespräch.

**B. Richtig oder falsch?** Sie hören zehn Aussagen aus dem Interview. Kreuzen Sie in Ihrem Arbeitsbuch **R** an, wenn die Aussage richtig ist. Kreuzen Sie **F** an, wenn sie falsch ist. Sie hören jede Aussage zweimal.

1. ____ R  ____ F
2. ____ R  ____ F
3. ____ R  ____ F
4. ____ R  ____ F
5. ____ R  ____ F
6. ____ R  ____ F
7. ____ R  ____ F
8. ____ R  ____ F
9. ____ R  ____ F
10. ____ R  ____ F

**C. Was stimmt?** Sie hören zunächst acht unvollständige Aussagen aus dem Interview. In Ihrem Arbeitsbuch stehen zwei Möglichkeiten, die jeweilige Aussage zu vervollständigen. Kreuzen Sie die richtige an. Sie hören jede Aussage zweimal.

1. ____ a. gelesen
   ____ b. geschrieben
2. ____ a. viele
   ____ b. keine
3. ____ a. Österreich
   ____ b. Deutschland
4. ____ a. Industrie, Wissenschaft
   ____ b. Kultur, Geschichte
5. ____ a. sensibel
   ____ b. aggressiv
6. ____ a. eine Chance
   ____ b. keine Chance
7. ____ a. persönlich
   ____ b. am Telefon
8. ____ a. anders
   ____ b. gleich

**D. Was passt zusammen?** Sie hören jetzt jeweils ein Wort. Aus dem Hörtext heraus wird klar, dass zu diesem Wort ein anderes Wort passt, mit dem es im Text zusammen genannt wird. Finden Sie dieses andere Wort.

1. _____
2. _____
3. _____
4. _____
5. _____
6. _____
7. _____
8. _____
9. _____
10. _____

**E. *Impulse*-Ratespiel.** Durch die Aussage sollen Sie das passende Wort erraten. Dann schreiben Sie es in Ihr Arbeitsbuch. Sie hören jede Aussage zweimal.

**BEISPIEL**

**Dieses** Buch über das Leben der Indianer hat Hans Schneider besonders beeindruckt.
*Dee Brown: „Begrabt mein Herz an der Biegung des Flusses"*

1. _____
2. _____
3. _____
4. _____
5. _____

**F. Fragen zum Interview.** Sie hören nun fünf Fragen. Manche sind kurz zu beantworten, manche etwas länger. Beantworten Sie die Fragen spontan – Stichworte sind genug. Schreiben Sie Ihre Antworten in Ihr Arbeitsbuch. Sie hören jede Frage zweimal.

**BEISPIEL**

Was, meint Hans Schneider, könne man aus der Geschichte der Indianer in den USA für die Zukunft lernen?
*Dass man mit anderen Kulturen sensibel sein muss, es gibt nicht Besser oder Schlechter, nur Anders.*

1. _____
2. _____
3. _____
4. _____
5. _____
   _____
   _____

Name _____ Date _____

# Kapitel 10 – Shalom Naomi?

Bevor Sie mit den Übungen zu diesem Beitrag von *Radiomagazin Impulse* anfangen, sollten Sie sich ihn erst einmal ganz anhören. Sie hören einen Bericht über die Erfahrungen einer deutschen Jüdin, Ilse Losa.

**A. Lückentext.** Sie hören den Bericht noch einmal. Während Sie zuhören, lesen Sie gleichzeitig den Text des Berichts in Ihrem Arbeitsbuch und ergänzen Sie im Interview die fehlenden Wörter. Fangen wir an!

*Radiomagazin Impulse:* Guten Tag und herzlich willkommen zu einer neuen Sendung des *Impulse-Radiomagazins*. Heute sprechen wir über die Erfahrungen einer deutschen _____ . Dieses Thema zeigt, _____ Vergangenheit und Gegenwart nicht zu trennen sind. Erst 1990 erschien in Deutschland ein Buch, das schon 1949 von einer deutschen Schriftstellerin veröffentlicht wurde, allerdings nicht in Deutschland, sondern in _____ . Sie hat es auch nicht auf Deutsch geschrieben, sondern auf Portugiesisch. „Die Welt in der ich lebte", so der Titel, ist ein autobiografischer Roman über die deutsche Vergangenheit. Ilse Losa, geborene Lieblich, ist Deutsche, sie ist Jüdin und 1934 vor den Nazis nach Portugal geflohen. Dort heiratete sie und blieb in Porto, der zweitgrößten Stadt Portugals, wo sie auch heute noch lebt. *Impulse* hat sie dort besucht:

*Sprecherin des Radiomagazins Impulse:* Ilse Losa lebt in einem Apartmenthaus in einem Vorort von Porto im Norden Portugals. Was sie hier besonders _____ , ist der direkte Blick aufs Meer. Und noch etwas liebt die heute 81-jährige: den Kontakt zur Jugend. Einmal in der Woche treffen sich ihre _____ bei ihr zum Essen und besonders freut sich Ilse Losa, _____ Freunde der Enkelkinder mitkommen.

In ihrem ersten Roman, der 1949 in Portugal erschien, beschreibt sie die Kindheit und Jugend des Mädchens Rose Frankfurter in Deutschland, _____ sie schreibt natürlich über ihre eigenen Erlebnisse.

Die kleine Rose lebt in einem Dorf bei ihren _____ in Norddeutschland. Es ist die Zeit des Ersten Weltkrieges. Ihr Vater und ihr Onkel sind an der Front. Sie erlebt das Kriegsende, die ersten Jahre der Weimarer Republik. Doch für sie gibt es keinen _____ , da der Antisemitismus in Deutschland stärker und stärker wird. Sie fühlt sich als Deutsche **und** als Jüdin. Doch schon als kleines Kind merkt sie, dass das in Deutschland nicht geht. Die _____ von Antisemitismus spürt sie, _____ die anderen Kinder nicht mehr mit ihr spielen wollen. Rose versteht die _____ nicht mehr. Ihr geliebter Großvater stirbt. Er hatte sich immer als Deutscher gefühlt und wurde _____ im eigenen Dorf von den deutschen „Christen" als „dreckige Judensau" beschimpft. Das _____ ihn und brach ihm das Herz.

Die Mutter holte Rose zu sich in die Stadt. Rose geht aufs Gymnasium, sie hat wieder neue _____ . Doch muss sie die Schule verlassen, _____ die Familie kein Geld mehr hat. Sie verlässt die Mutter und geht nach Berlin, aber das Leben wird für sie als Jüdin immer schwieriger. Für sie gibt es keine _____ mehr. Sie schreibt an einen Freund, dass sie Hitler hasst. Der Brief wird von den Nazis gelesen. Sie muss ins Gefängnis. Rose _____ nicht lange _____ , sie flieht gerade noch _____ . Ein Onkel lebt bereits in Portugal und so kommt sie 1934 auch hierhin.

Ilse Losa schrieb nach „Die Welt in der ich lebte" noch zwei Romane, dann schrieb sie Kinderbücher. _____ ist sie eine der berühmtesten Kinderbuchautorinnen des Landes und hat schon zweimal den wichtigsten Literaturpreis des Landes Portugal bekommen.

Auf Deutsch hat sie nie geschrieben. Sie wollte auch eigentlich gar keinen Roman schreiben. In den ersten Jahren in Portugal ging es ihr nicht gut. Der _____ , weit weg von der Familie zu leben, führte zu Depressionen. _____ sie zu einem Arzt ging, sagte der, sie solle ihm etwas über ihre Kindheit aufschreiben. _____ er aber kein Deutsch konnte, schrieb sie mit Hilfe ihres Mannes auf Portugiesisch. Der Arzt war begeistert von dem, was Ilse Losa geschrieben hatte, und so wurde daraus ein Buch.

Sie blieb dabei, Portugiesisch zu schreiben. Heute glaubt sie aber, _____ das ein Fehler war. Sie konnte so nicht alles schreiben, was sie sagen wollte. Aber _____ sie Deutschland verlassen hatte, konnte sie auch nicht mehr Deutsch schreiben. Das ist wohl das Schicksal der Schriftsteller im Exil. Sie selbst beschreibt

**82** IMPULSE

das so: „Das ist so, wie _____ man einen Linkshänder zwingt, mit der rechten Hand zu schreiben. Er lernt es zwar, aber _____ bleibt immer ein Gefühl von Verlust."

_____ Ilse Losa in den fünfziger Jahren auch in Deutschland ihren ersten Roman anbot, wurde er von einem Hamburger Verlag abgelehnt. Später erfuhr sie, _____ der Portugiesisch-Experte des Verlages, der das Buch gelesen hatte, im Krieg als Nationalsozialist in Portugal Diplomat war. Er hatte kein Interesse an einem _____ über ein jüdisches Schicksal in Deutschland.

Es ist paradox. Als „portugiesische Literatur des 20. Jahrhunderts" erscheint jetzt in Deutschland ein Roman, der von einer Deutschen geschrieben wurde und der ein Stück deutsche Geschichte erzählt. Nur leider viel zu spät.

Doch trotz all ihrer schlechten Erfahrungen mit ihrer Heimat, _____ Ilse Losa immer wieder nach Deutschland _____, um dort ihre vielen deutschen Freunde zu besuchen. Und dass sie den Holocaust überlebt hat, das ist für sie noch heute ein kleines _____ .

**B. Richtig oder falsch?** Sie hören zehn Aussagen aus dem Bericht. Kreuzen Sie in Ihrem Arbeitsbuch **R** an, wenn die Aussage richtig ist. Kreuzen Sie **F** an, wenn sie falsch ist. Sie hören jede Aussage zweimal.

1. ____ R ____ F
2. ____ R ____ F
3. ____ R ____ F
4. ____ R ____ F
5. ____ R ____ F
6. ____ R ____ F
7. ____ R ____ F
8. ____ R ____ F
9. ____ R ____ F
10. ____ R ____ F

**C. Was stimmt?** Sie hören zunächst acht unvollständige Aussagen aus dem Bericht. In Ihrem Arbeitsbuch stehen zwei Möglichkeiten, die jeweilige Aussage zu vervollständigen. Kreuzen Sie die richtige an. Sie hören jede Aussage zweimal.

1. ____ a. Deutschland
   ____ b. Portugal
2. ____ a. weil
   ____ b. bevor
3. ____ a. Deutsch, Portugiesisch
   ____ b. Portugiesisch, Deutsch
4. ____ a. Großeltern
   ____ b. Eltern
5. ____ a. die anderen Kinder
   ____ b. die Großeltern
6. ____ a. liebt
   ____ b. hasst
7. ____ a. wenn
   ____ b. als
8. ____ a. weil
   ____ b. obwohl

**D. Sätze verbinden.** Sie hören nun zwei kurze Sätze. Verbinden Sie die beiden Sätze mit der unterordnenden Konjunktion, die in Ihrem Arbeitsbuch steht. Sie hören jeden Satz zweimal.

**BEISPIEL**

Ilse Losa schreibt Portugiesisch. Sie ist Deutsche.
obwohl
*Obwohl Ilse Losa Deutsche ist, schreibt sie Portugiesisch.*

1. weil
   _____

2. nachdem
   _____

3. da
   _____

4. dass
   _____

5. wo
   _____

**E. *Impulse*-Ratespiel.** Durch die Aussage sollen Sie das passende Wort erraten. Dann schreiben Sie es in Ihr Arbeitsbuch. Sie hören jede Aussage zweimal.

**BEISPIEL**

Als Rose Frankfurter ihre Eltern verließ, ging sie in **diese** Stadt.
*Berlin*

1. _____
2. _____
3. _____
4. _____
5. _____

**F. Fragen zum Bericht.** Sie hören nun fünf Fragen. Manche sind kurz zu beantworten, manche etwas länger. Beantworten Sie die Fragen spontan – Stichworte sind genug. Schreiben Sie Ihre Antworten in Ihr Arbeitsbuch. Sie hören jede Frage zweimal.

**BEISPIEL**

Wenn die Enkelkinder Ilse Losa besuchen, worüber freut sie sich besonders?
*Wenn sie Freunde mitbringen*

1. _____
2. _____
3. _____

IMPULSE

4. _____
5. _____
   _____
   _____

Name _____  Date _____

# Kapitel 11 – Basketball im Rollstuhl

Bevor Sie mit den Übungen zu diesem Beitrag von *Radiomagazin Impulse* anfangen, sollten Sie sich ihn erst einmal ganz anhören. Sie hören ein Interview mit Werner Schultz über Basketball im Rollstuhl.

**A. Lückentext.** Sie hören das Interview noch einmal. Während Sie zuhören, lesen Sie gleichzeitig den Text des Interviews in Ihrem Arbeitsbuch und ergänzen Sie im Interview die fehlenden Wörter. Fangen wir an!

*Radiomagazin Impulse:* Guten Tag und willkommen zu unserer heutigen Sendung des *Impulse-Radiomagazins*. Wir kommen heute zum Sport. Das Thema: Basketball im Rollstuhl.
Unser Sportreporter Werner Schulz ist zur Zeit in Berlin. Dort findet die Basketball-Europameisterschaft statt. Doch diese _____ ist etwas Besonderes. Herr Schulz, was ist denn so besonders an dieser Meisterschaft?

*Werner Schulz:* Das Besondere an der Basketball-Europameisterschaft 1993 in Berlin ist, dass hier _____ und nichtbehinderte Sportler ihre Meisterschaften zur gleichen Zeit haben. Die Rollstuhl-Basketballer und die sogenannten „Fußgänger" _____ zur gleichen Zeit darum, wer das beste Team in Europa hat.

*Radiomagazin Impulse:* Warum finden _____ die beiden Meisterschaften zur gleichen Zeit statt?

*Werner Schulz:* Weil man so versuchen will, den Rollstuhl-Sport zu _____ . Man glaubt, so könnten _____ zu den Spielen kommen, die sonst keinen Rollstuhl-Basketball sehen. Und auch das Fernsehen _____ so von dem Sport _____ , der sonst nicht im Fernsehen zu sehen ist.

*Radiomagazin Impulse:* Wie ist denn die Reaktion der _____ ?

*Werner Schulz:* Schlecht. Die großen Fernsehsender berichten nur über die „Fußgänger". Aber es _____ so einfach, auch über die Rollstuhlfahrer zu berichten. Die Reporter sind hier, die Kameras sind aufgestellt, aber gezeigt wird sehr wenig. Die Zuschauer _____ sich nicht dafür interessieren, so der Kommentar der Journalisten. Und auch die großen Zeitungen schreiben nur über die Stars beim „Fußgänger-Basketball", aber nichts über die Rollstuhlfahrer.

*Radiomagazin Impulse:* Und wie _____ _____ die Zuschauer in Berlin?

*Werner Schulz:* Sie sind _____ . Beim ersten Spiel der deutschen Männer im Rollstuhl-Basketball gegen Schweden waren 2 000 Zuschauer. Und das Spiel _____ bestimmt auch den Fernsehzuschauern Spaß gemacht, denn es war spannend und _____ .

*Radiomagazin Impulse:* Und wie ist die Stimmung bei den deutschen Spielerinnen und Spielern?

*Werner Schulz:* Sie sind ein bisschen enttäuscht. Man dachte, die Basketballstars bei den „Fußgängern" würden die Spiele der Rollstuhlfahrer oder -fahrerinnen mehr _____ und auch einmal eins anschauen. Doch bis jetzt kam niemand. Die Spitzensportler sind mit ihrem Training beschäftigt. Der Behindertensport _____ ein bisschen mehr Unterstützung von den Profis _____ . Es gab aber nur sehr, sehr wenig Kontakt zwischen den behinderten und nichtbehinderten Sportlern.

*Radiomagazin Impulse:* Wie viele Teams haben denn bei den Rollstuhlfahrern teilgenommen?

Copyright © Houghton Mifflin Company. All rights reserved.

***Werner Schulz:*** Hier in Berlin waren 16 Teams mit insgesamt 300 Sportlern und Sportlerinnen. Über 1,5 Millionen Mark kosteten die Spiele. Und es war eine sehr interessante Meisterschaft. Und für die deutsche Frauenmannschaft war der _____ groß, denn die wurde Vize-Europameister, ein toller _____ .

***Radiomagazin Impulse:*** Wie populär ist denn Rollstuhl-Basketball in Deutschland?

***Werner Schulz:*** Das hat _____ in den vergangenen Jahren sehr _____ und Rollstuhl-Basketball wird immer populärer. Allein bei den Männern spielen schon über 1 500 Teams und es gibt eine nationale Liga. Und auch bei den Frauen wird Rollstuhl-Basketball immer beliebter. Es _____ allerdings schön, wenn das auch die Journalisten merken würden. Dann _____ viel mehr Menschen sehen, wie interessant und spannend dieser Sport ist. Es spielen ja auch immer mehr Nichtbehinderte Rollstuhl-Basketball. Dieser Sport macht eben nicht nur denen Spaß, die im _____ sitzen müssen.

***Radiomagazin Impulse:*** Wir haben mit diesem Bericht ja schon einen Anfang gemacht. Auf jeden Fall vielen Dank Werner Schulz in Berlin. Hoffen wir, in Zukunft mehr von den tollen _____ der Stars im Rollstuhl-Basketball zu hören.

**B. Richtig oder falsch?** Sie hören zehn Aussagen aus dem Interview. Kreuzen Sie in Ihrem Arbeitsbuch **R** an, wenn die Aussage richtig ist. Kreuzen Sie **F** an, wenn sie falsch ist. Sie hören jede Aussage zweimal.

1. ____ R  ____ F
2. ____ R  ____ F
3. ____ R  ____ F
4. ____ R  ____ F
5. ____ R  ____ F
6. ____ R  ____ F
7. ____ R  ____ F
8. ____ R  ____ F
9. ____ R  ____ F
10. ____ R  ____ F

**C. Was stimmt?** Sie hören zunächst acht unvollständige Aussagen aus dem Interview. In Ihrem Arbeitsbuch stehen zwei Möglichkeiten, die jeweilige Aussage zu vervollständigen. Kreuzen Sie die richtige an. Sie hören jede Aussage zweimal.

1. ____ a. Deutschland
   ____ b. Frankreich
2. ____ a. berichtet
   ____ b. berichtet nicht
3. ____ a. 20
   ____ b. 2 000
4. ____ a. Frauen
   ____ b. Männer

5. ____ a. Fußball

   ____ b. Basketball

6. ____ a. geschlafen haben.

   ____ b. trainiert haben.

7. ____ a. Fußgänger-Basketball

   ____ b. Rollstuhl-Basketball

8. ____ a. wäre

   ____ b. ist

**D. Welches Wort passt?** Sie hören jetzt jeweils drei Wörter. Nur ein Wort hat mit dem Thema unseres Interviews zu tun. Finden Sie es heraus. Sie hören die Begriffe jeweils zweimal.

**BEISPIEL**

der Mord – das Wort – der Sport
*der Sport*

1. _____
2. _____
3. _____
4. _____
5. _____
6. _____
7. _____
8. _____
9. _____
10. _____

**E. *Impulse*-Ratespiel.** Durch die Aussage sollen Sie das passende Wort erraten. Dann schreiben Sie es in Ihr Arbeitsbuch. Sie hören jede Aussage zweimal.

**BEISPIEL**

**Sie** waren begeistert von den Spielen im Rollstuhl-Basketball.
*die Zuschauer*

1. _____
2. _____
3. _____
4. _____
5. _____

**F. Fragen zum Interview.** Sie hören nun fünf Fragen. Manche sind kurz zu beantworten, manche etwas länger. Beantworten Sie die Fragen spontan – Stichworte sind genug. Schreiben Sie Ihre Antworten in Ihr Arbeitsbuch. Sie hören jede Frage zweimal.

**BEISPIEL**

Was sagen die Journalisten, warum sie nicht über den Behindertensport berichten?
*Sie sagen, es würde niemanden interessieren.*

1. _____
2. _____
3. _____
4. _____
5. _____
   _____
   _____

Name _____   Date _____

# Kapitel 12 – Die Dichterin Rose Ausländer

Bevor Sie mit den Übungen zu diesem Beitrag von *Radiomagazin Impulse* anfangen, sollten Sie sich ihn erst einmal ganz anhören. Sie hören ein Interview mit Gisela Nohl über die Entwicklung des Theaterstücks „Name: Rose Ausländer" und über ihr eigenes Leben.

**A. Lückentext:** Sie hören das Interview noch einmal. Während Sie zuhören, lesen Sie gleichzeitig den Text in Ihrem Arbeitsbuch und ergänzen Sie im Interview die fehlenden Wörter. Fangen wir an!

***Radiomagazin Impulse:*** Guten Tag und willkommen zu unserer heutigen Sendung! Im Mittelpunkt stehen gleich mehrere Themen, die aber alle aus dem Bereich der Kultur kommen. In Stichworten lässt sich die heutige Sendung wie folgt zusammenfassen: Theater, _____, Schauspielerin. Bei uns im Studio ist Gisela Nohl, die für alle diese drei Bereiche steht: Sie ist Schauspielerin und hat gemeinsam mit ihrem Freund und Kollegen Bernd Rieser ein Theaterstück entwickelt, in dem es um Texte und Gedichte der Lyrikerin Rose Ausländer geht. Das Stück hat den Titel: „Name: Rose Ausländer". Herzlich willkommen Gisela Nohl.
   Frau Nohl, Sie haben das Programm gemeinsam mit Bernd Rieser _____. Wie sind Sie gerade auf Rose Ausländer gekommen?

***Gisela Nohl:*** Die Idee ging eigentlich von Bernd aus. Ihm fiel vor Jahren ein Buch in die Hände, das hieß „Im Atemhaus wohnen", ein Buch mit Gedichten von Rose Ausländer. Der _____ Titel hat ihn fasziniert und nicht mehr losgelassen. Später kam er in Kontakt mit dem Rose-Ausländer-Dokumentationszentrum und dort plante man eine Veranstaltungsreihe zu Ehren der _____. Dazu suchte das Zentrum noch Künstler, die sich beteiligen wollten. Zum Beispiel sollte eine Lesung im Rahmen einer Ausstellungseröffnung stattfinden. Eine Malerin zeigte Bilder, die sie nach Gedichten von Rose Ausländer gemalt hatte. Wir erarbeiteten daraufhin eine Textcollage aus Wortschöpfungen von Rose Ausländer, in denen Farben eine Rolle spielen. Das Ergebnis war eine _____ mit dem Titel „Vielfarbenfeuer", übrigens auch so eine Wortschöpfung.

***Radiomagazin Impulse:*** Und wie kam es dann zu dem Stück „Name: Rose Ausländer"?

***Gisela Nohl:*** Der Kontakt zu dem Dokumentationszentrum und zu seinem Leiter Helmut Braun blieb erhalten. Als Herr Braun dann eine Ausstellung in Köln zum Leben Rose Ausländers durchführte, veranstalteten Bernd und ich eine _____ Lesung. Da wir beide für das Theater arbeiten, lag die Idee nahe, über Lesungen hinaus ein _____ Theaterstück zu entwickeln. Damals wussten wir allerdings noch überhaupt nicht, wie so etwas aussehen könnte.

***Radiomagazin Impulse:*** Wieso wurde es ein Ein-Personen-Stück mit Bernd als Regisseur?

***Gisela Nohl:*** Als wir uns für das Stück entschieden hatten, verbrachten wir ein _____ Wochenende in dem Dokumentationszentrum, lasen Briefe und Aufzeichnungen der Dichterin und sahen uns viele Fotos an. Sehr schnell stellten wir das Thema _____ in den Mittelpunkt unserer Arbeit, die natürlich auch immer eine Art von Einsamkeit ist. Da war es schnell klar, dass es ein Stück werden soll, bei dem ich als Rose Ausländer alleine auf der _____ bin.

***Radiomagazin Impulse:*** In Ihrem Stück _____ Sie den Menschen Rose Ausländer _____, also eine reale Person. Inwiefern hat sich da ein, sagen wir, _____ Verhältnis entwickelt?

***Gisela Nohl:*** Es gab _____ Situationen, da war sie mir ganz nah, da hatte ich eine ganz nahe Beziehung zu dieser Frau, besonders in ihren Gedichten. Aber es gab auch Momente, vor allem durch

Copyright © Houghton Mifflin Company. All rights reserved.            **89**

_____ und sehr persönliche Fotos und Briefe, da hatte ich das Gefühl, kein Recht dazu zu haben, dieser Frau so nahe zu kommen. Sie war im Alter zum Teil auch ein sehr _____ Mensch, sehr verbittert und hat wohl auch viele enge Freunde vor den Kopf gestoßen. Ich hatte bei der Arbeit dann das _____ Gefühl, zu sehr in ihr Privatleben einzudringen.

***Radiomagazin Impulse:*** Wann haben Sie das Stück zum ersten Mal _____, wie oft bisher und wo überall?

*Gisela Nohl:* Die Premiere des Stückes war am 3. Dezember 1995 und gespielt habe ich es bisher ungefähr 20 Mal. In Köln, zur Buchmesse in Leipzig und auch in der Synagoge in Essen. Einmal, und das war der bisher ungewöhnlichste und ausdrucksstärkste Auftrittsort, in einem _____ Bahnhof bei Köln.

***Radiomagazin Impulse:*** Was mögen Sie besonders an den Gedichten der Rose Ausländer?

*Gisela Nohl:* Ihre Bilder und Wortschöpfungen. Sie kann in _____ Worten so viel und so bilderreich ausdrücken, das fasziniert mich. Dabei gefallen mir ihre _____ Gedichte aber besser als ihre _____ .

***Radiomagazin Impulse:*** In welcher Beziehung stehen Sie selbst zu den Texten im Stück? Fühlen Sie auch so etwas wie Heimatlosigkeit?

*Gisela Nohl:* Nicht in diesem _____ Sinne. Von Verfolgung, Vertreibung oder Flucht bin ich Gott sei Dank in meinem Leben verschont geblieben. Aber in einem inneren Sinn kenne ich das _____ sehr gut. Dieses immer auf der Suche sein, dieses Gefühl, nicht anzukommen, innerlich immer unterwegs zu sein. Ja, das kenne ich gut.

***Radiomagazin Impulse:*** Ist das Gefühl, immer mit einem Koffer unterwegs zu sein, so wie Rose Ausländer in Ihrem Stück, nicht auch typisch für eine Schauspielerin?

*Gisela Nohl:* Das weiß ich nicht. Ich bin ein eher sesshafter Mensch. Ich will gar nicht immer den _____ wechseln. Ich will bei meinen Freunden sein, in der Umgebung, die ich kenne. Ich gehe gerne mit einem _____ Stück auf Tournee. Eine gewisse Zeit lang, aber dann bin ich auch wieder gerne zu Hause. Also ein Leben aus dem Koffer mag ich eigentlich nicht so gerne. Das steht meinem Beruf allerdings manchmal im Weg.

***Radiomagazin Impulse:*** Noch etwas zu Ihnen persönlich. Wie lange sind Sie schon Schauspielerin, was haben Sie vorher gemacht?

*Gisela Nohl:* Ich habe spät angefangen als _____ . Nach dem Abitur wollte ich zuerst Bäuerin werden. Auf einem ökologischen Bauernhof. Dann habe ich erst einmal zwei Jahre gejobbt: In einer Fabrik, als Briefträgerin und in einem Altenheim und auch auf einem Bauernhof. Ich hatte anfangs die Idee, nach einem Arbeitstag in der Landwirtschaft abends auch noch die Kraft zu haben, meinen _____ Interessen nachgehen zu können. Doch da hatte ich mir wohl eine _____ Vorstellung von dem Beruf als Bäuerin gemacht. Anschließend habe ich in Siegen angefangen zu studieren: Germanistik und Philosophie. Dort habe ich in der Theatergruppe der Universität mitgespielt und der _____ Professor hat mir Mut gemacht, auf eine Schauspielschule zu gehen. 1985 ging ich dann auf eine private Schauspielschule. Mein erstes Engagement hatte ich 1989 am Theater „Der Keller" in Köln.

***Radiomagazin Impulse:*** Was spielen Sie zur Zeit?

***Gisela Nohl:*** Ich spiele ein Theaterstück für Kinder und ein Jugendstück. Kinder- und Jugendtheater haben schon immer einen _____ Teil meiner Arbeit eingenommen. Und ich gebe Schauspielunterricht. Mit Laien habe ich ein Stück erarbeitet und inszeniert. Das hat sehr großen Spaß gemacht.

***Radiomagazin Impulse:*** Vielen Dank Frau Nohl für dieses _____ Gespräch. Liebe Zuhörer und Zuhörerinnen. Jetzt aber noch etwas Besonderes. Wir hatten Gisela Nohl gebeten, ein Gedicht aus dem Programm „Name: Rose Ausländer" auszuwählen, das sie besonders mag, und es uns hier _____ . Und das wird sie jetzt tun.

***Gisela Nohl:*** Gerne. Das Gedicht heißt „Wünsche II".[1]

***Gisela Nohl:*** „Wünsche II"

Ich möchte ein Magnolienbaum sein
jeden Mai blühen

Eine Nachtigall möchte ich sein
mit süßer Stimme

oder ein Berg
von der Sonne umarmt
reingewaschen vom Regen
endlose Gipfelschau
ein Jahrtausendeleben

Nein
kein Magnolienbaum möchte ich sein
keine Nachtigall
auch kein Berg

Ich will ich sein
Menschen lieben
Weltspuren folgen
und wenn der Sprachgeist erlaubt
mit einigen Worten
meinen Tod überleben

**B. Richtig oder falsch?** Sie hören zehn Aussagen aus dem Interview. Kreuzen Sie in Ihrem Arbeitsbuch **R** an, wenn die Aussage richtig ist. Kreuzen Sie **F** an, wenn sie falsch ist. Sie hören jede Aussage zweimal.

1. ___ R  ___ F         6. ___ R  ___ F
2. ___ R  ___ F         7. ___ R  ___ F
3. ___ R  ___ F         8. ___ R  ___ F
4. ___ R  ___ F         9. ___ R  ___ F
5. ___ R  ___ F        10. ___ R  ___ F

---

[1] Ausländer, Rose. „Wünsche II." In *Einverständnis,* Pfaffenweiler: Pfaffenweiler Presse, 1980. Used by permission.

Copyright © Houghton Mifflin Company. All rights reserved.

**C. Was stimmt?** Sie hören zunächst acht unvollständige Aussagen aus dem Interview. In Ihrem Arbeitsbuch stehen zwei Möglichkeiten, die jeweilige Aussage zu vervollständigen. Kreuzen Sie bitte die richtige an. Sie hören jede Aussage zweimal.

1. \_\_\_\_ a. sich beteiligen
   \_\_\_\_ b. sich beweisen
2. \_\_\_\_ a. eine Aktion mit Bildern
   \_\_\_\_ b. eine biografische Lesung
3. \_\_\_\_ a. gemütlicher
   \_\_\_\_ b. schwieriger
4. \_\_\_\_ a. faszinierenden Erzählungen
   \_\_\_\_ b. Sprache
5. \_\_\_\_ a. äußeren
   \_\_\_\_ b. inneren
6. \_\_\_\_ a. zu Hause
   \_\_\_\_ b. in einer anderen Stadt
7. \_\_\_\_ a. richtige
   \_\_\_\_ b. falsche
8. \_\_\_\_ a. Professor
   \_\_\_\_ b. Freund

**D. Welche Adjektive kommen vor?** Hören Sie sich das Gedicht „Wünsche II" von Rose Ausländer, das Gisela Nohl vorträgt, noch einmal in Ruhe an. Verbinden Sie die Substantive links mit den Beschreibungen rechts.

\_\_\_\_\_ 1. ein Magnolienbaum          a. endlose
\_\_\_\_\_ 2. eine Nachtigall             b. lieben
\_\_\_\_\_ 3. ein Berg                    c. jeden Mai blühen
\_\_\_\_\_ 4. Gipfelschau                 d. mit einigen Worten
\_\_\_\_\_ 5. Menschen                    e. mit süßer Stimme
\_\_\_\_\_ 6. meinen Tod überleben        f. von der Sonne umarmt

**E. *Impulse*-Ratespiel.** Durch die Aussage sollen Sie das passende Wort erraten. Dann schreiben Sie es in Ihr Arbeitsbuch. Sie hören jede Aussage zweimal.

**BEISPIEL**

Über das Leben **dieser** Dichterin haben Bernd Rieser und Gisela Nohl ein Theaterstück gemacht.
*Rose Ausländer*

1. _____   4. _____
2. _____   5. _____
3. _____

**F. Fragen zum Interview.** Sie hören nun fünf Fragen. Manche sind kurz zu beantworten, manche etwas länger. Beantworten Sie die Fragen spontan – Stichworte genügen. Schreiben Sie Ihre Antworten in Ihr Arbeitsbuch. Sie hören jede Frage zweimal.

**BEISPIEL**

Wie entstand die Idee, sich mit Rose Ausländer zu beschäftigen?
*Bernd Rieser hatte die Idee, nachdem er ihr Buch „Im Atemhaus wohnen" gesehen hatte.*

1. _____
   _____
2. _____
   _____
3. _____
   _____
4. _____
   _____
5. _____
   _____

Name _____    Date _____

# Video Impulse

## Bericht A – Junge Nürnberger erforschen die Vergangenheit (7 Min.; Kapitel 2)

### Einführung

Der Lesetext beschreibt das Kriegserlebnis eines Kindes in Nürnberg. Nürnberg ist nicht nur die Stadt Dürers, des Mittelalters und des Christkindlmarktes. Nürnberg ist untrennbar mit der Geschichte des Nationalsozialismus verbunden. Hier zelebrierte Hitler seine Macht. Die Nationalsozialistische Partei feierte ab 1927 hier den Reichsparteitag und machte die Stadt zur Hauptstadt der Partei. Massenaufmärsche, Kriegsspiele und Demonstrationen der Macht charakterisierten Nürnberg zur Zeit der Nazis. 1935 beschlossen die Nazis hier die „Nürnberger Gesetze", die der jüdischen Bevölkerung sämtliche Rechte entzogen. Von daher war es kein Zufall, dass die Alliierten nach dem Krieg Nürnberg aussuchten, um hier den Nazis den Prozess zu machen.

Der Filmbericht beschreibt den Versuch junger Historiker der Stadt, diesen Teil der Geschichte nicht zu verdrängen, sondern daran zu erinnern. So wie die Schüler und Schülerinnen ihre Kriegserlebnisse aufschreiben sollen, um sie zu verarbeiten, wollen die Historiker diesen Teil der Nürnberger Geschichte aufarbeiten, um ihn nicht zu vergessen.

**A. Eine Gliederung des Berichtes.** Schauen Sie sich den Filmbericht zweimal an. Beim ersten Mal sehen Sie ihn sich ohne Pause an. Beim zweiten Anschauen schreiben Sie die richtige Reihenfolge (1–8) der Filmabschnitte vor die folgenden Überschriften.

_____ Eine Zeitzeugin berichtet von Militärübungen

_____ Der Marktplatz und seine Vergangenheit

_____ Ein Zeitzeuge

_____ Die Reaktion eines Schülers

_____ Sinn und Ziel der Aktion „Geschichte für alle"

_____ Nürnberg bis 1933

_____ Die Synagoge

_____ Das Ende der Tour

**B. Fragen zum Bericht.** Lesen Sie sich zuerst die folgenden Fragen genau durch. Erst wenn Sie jede Frage verstanden haben, schauen Sie sich den Filmbericht noch einmal an. Machen Sie sich während des Anschauens Notizen zu den Fragen und formulieren Sie anschließend die Antworten in Ihrem Arbeitsbuch.

1. Was ist das Ziel der jungen Historiker in Nürnberg?

_____

_____

**96** IMPULSE

2. Wer ist Adolf Höxter?
   _____
   _____

3. Welche Rolle spielte Nürnberg im Mittelalter?
   _____
   _____

4. Was sagt der junge Historiker Markus Vogt zur Synagoge?
   _____
   _____

5. Warum unterstützt Helene Gessler die jungen Historiker?
   _____
   _____

6. Was ist das Beste, was man mit der Vergangenheit tun kann?
   _____
   _____

**C. Welche Orte?** Welche Orte, die in der Vergangenheit eine wichtige Rolle in Nürnberg gespielt haben, besucht die Gruppe im Film? Was wird zu den Orten gesagt?

1. der Marktplatz: _____
   _____

2. die Synagoge: _____
   _____

3. der Luitpoldhain: _____
   _____

4. die Kongresshalle: _____
   _____

**D. Zum Schluss.** Sowohl im Lesetext als auch im Filmbericht geht es darum, Vergangenes zu verarbeiten. Wo sehen Sie Unterschiede in der Verarbeitung? Wie könnte man den Lesetext und den Filmbericht verbinden?

**UNTERSCHIEDE**

| | Lesetext | Filmbericht |
|---|---|---|
| 1. | _____ | _____ |
| 2. | _____ | _____ |

**DIE VERBINDUNG**

3. _____
   _____

Copyright © Houghton Mifflin Company. All rights reserved.

Name _____ Date _____

# Bericht B – Alkoholtest für Discofans (7 Min.; Kapitel 3)

**A. Eine Gliederung des Berichtes.** Schauen Sie sich den Filmbericht zweimal an. Beim ersten Mal sehen Sie ihn sich ohne Pause an. Beim zweiten Anschauen schreiben Sie die richtige Reihenfolge (1–5) der Filmabschnitte vor die folgenden Überschriften.

_____ Der Discobesuch

_____ Das ADAC-Sicherheitstraining auf der Teststrecke

_____ In der Disco, Äußerungen der Teilnehmer

_____ Wiederholung der Übungen und die Reaktion der Beobachter

_____ Vorbereitung und Fragestellung auf der Teststrecke

**B. Fragen zum Bericht.** Lesen Sie sich zuerst die folgenden Fragen genau durch. Erst wenn Sie jede Frage verstanden haben, schauen Sie sich den Filmbericht noch einmal an. Machen Sie sich während des Anschauens Notizen zu den Fragen und formulieren Sie anschließend die Antworten in Ihrem Arbeitsbuch.

1. Wer trifft sich auf der ADAC-Teststrecke in Augsburg?
   _____
   _____

2. Wie sind die Ergebnisse nach dem Sicherheitstraining?
   _____
   _____

3. Was ist ein Alkomat?
   _____
   _____

4. Wie sind die Reaktionen der Beteiligten?
   _____
   _____
   _____

**C. Der Sicherheitstest.** Im Mittelpunkt des Filmberichtes steht der Test des ADAC. Schauen Sie sich den Teil des Berichtes mit dem Test noch einmal an und machen Sie die folgenden Aufgaben.

1. Notieren Sie sich die drei Übungen, die zum ADAC-Sicherheitstraining gehören.

   a. _____
   b. _____
   c. _____

2. Notieren Sie, wie sich die beiden Teilnehmergruppen unterscheiden.

   a. 1. Gruppe: _____
   b. 2. Gruppe: _____

3. Schauen Sie sich die Kommentare der Teilnehmer am Ende des Filmberichtes noch einmal an. Welche der folgenden Äußerungen werden gemacht, welche nicht?

   a. „Sie fahren leichtsinniger, wilder."

   ja _____   nein _____

   b. „Mir hat der Test gar nicht gefallen."

   ja _____   nein _____

   c. „Ich finde es gut, wenn man richtig schnell fährt."

   ja _____   nein _____

   d. „Hände weg vom Alkohol."

   ja _____   nein _____

   e. „Da würde ich nicht mit einsteigen."

   ja _____   nein _____

**D. Zum Schluss.** Mit dem Filmbericht will der ADAC Jugendliche davon überzeugen, mit Alkohol im Blut kein Auto zu fahren. Hat Sie der Beitrag überzeugt? Warum?/Warum nicht? Würden Sie an einem solchen Test teilnehmen? Warum?/Warum nicht? Schreiben Sie einen kurzen Aufsatz darüber.

_____

_____

_____

_____

_____

Name _____ Date _____

# Zusatz B – Game is over (1'55 Min.; Kapitel 3)

**A. Eine Gliederung der Handlung.** Schauen Sie sich den Film an und schreiben Sie die richtige Reihenfolge (1–3) der Filmabschnitte vor die folgenden Überschriften.

_____ Auf der Landstraße

_____ Im Krankenhaus

_____ Am Spielautomat

**B. Fragen zum Film.** Schauen Sie sich den Film noch einmal an und beantworten Sie die folgenden Fragen.

1. Aus welchen Gründen fährt der Jugendliche so aggressiv?
   _____
   _____
   _____

2. Wie unterscheidet sich die Art der Aufklärung bei „Game is over" von der des ADAC-Disco-Video-Projektes?
   _____
   _____
   _____

**C. Zum Schluss.** Wie reagieren Sie auf den Film? Welche Gefühle haben Sie? Meinen Sie, dass „Game is over" wirksam ist? Was halten Sie von dem Video? Schreiben Sie einen kurzen Aufsatz darüber.
_____
_____
_____
_____

Name _____ Date _____

# Bericht C – Das Gummibärchen (2'50 Min.; Kapitel 4)

**A. Eine Gliederung des Berichtes.** Schauen Sie sich den Filmbericht zweimal an. Beim ersten Mal sehen Sie ihn sich ohne Pause an. Beim zweiten Anschauen schreiben Sie die richtige Reihenfolge (1–5) der Filmabschnitte vor die folgenden Überschriften.

_____ Produktion des Gummibärchens

_____ Die Designerin

_____ Das Gummibärchen bleibt die Nr. 1

_____ Andere Formen des Fruchtgummis

_____ Geschichte des Gummibärchens

**B. Fragen zum Bericht.** Lesen Sie sich zuerst die folgenden Fragen genau durch. Erst wenn Sie jede Frage verstanden haben, schauen Sie sich den Filmbericht noch einmal an. Machen Sie sich während des Anschauens Notizen zu den Fragen und formulieren Sie anschließend die Antworten in Ihrem Arbeitsbuch.

1. Zu welchem Anlass wurde der Bericht im Fernsehen gesendet?
   _____

2. Seit wann gibt es das Gummibärchen?
   _____

3. Woraus besteht die Rohmasse?
   _____

4. Warum müssen die Gummibärchen eine Woche auf das Lager?
   _____

5. Wo endet die einwöchige Fahrt des Gummibärchens?
   _____

6. Was macht die Designerin?
   _____

7. Welche anderen Fruchtgummis werden vorgestellt?
   _____

8. Was geschieht mit den Gummibärchen am Ende des Films?
   _____

## C. Welche Gegenstände?

1. Schauen Sie sich den Filmbericht noch einmal an. Welche der folgenden Gegenstände werden im Film gezeigt, welche nicht? Kreuzen Sie die Antworten im Arbeitsbuch an.

   a. Kessel

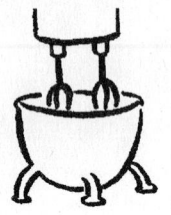

   ja _____ nein _____

   b. Holzbrett

   ja _____ nein _____

   c. Trommel

   ja _____ nein _____

   d. Tasse

   ja _____ nein _____

e. Tüte

ja _____ nein _____

f. Flasche

ja _____ nein _____

g. Lastwagen

ja _____ nein _____

2. Erklären Sie kurz, welche Rolle die gezeigten Gegenstände bei der Produktion von Gummibärchen spielen.

_____
_____
_____
_____
_____
_____

**D. Die Produktion der Gummibärchen.** Schauen Sie sich den Filmbericht noch einmal an. Welche Produktionsschritte bei der Herstellung von Gummibärchen werden gezeigt?

1. _Rohmasse wird gerührt_____
2. _____
3. _____
4. _____

5. _____
6. _____
7. _____

Name _____  Date _____

# Bericht D – Aids-Forschung in Deutschland
## (5'20 Min.; Kapitel 5)

**A. Eine Gliederung des Berichtes.** Schauen Sie sich den Filmbericht zweimal an. Beim ersten Mal sehen Sie ihn sich ohne Pause an. Beim zweiten Anschauen schreiben Sie die richtige Reihenfolge (1–5) der Filmabschnitte vor die folgenden Überschriften.

_____ Interview mit Professor Heinrich Schmitz zum Stand der Forschung

_____ Bisher keine Erfolge

_____ Vorgehensweise der Wissenschaftler

_____ Der Reporter vor dem Institut

_____ Probleme bei der Forschung

**B. Fragen zum Bericht.** Lesen Sie sich zuerst die folgenden Fragen genau durch. Erst wenn Sie jede Frage verstanden haben, schauen Sie sich den Filmbericht noch einmal an. Machen Sie sich während des Anschauens Notizen zu den Fragen und formulieren Sie anschließend die Antworten in Ihrem Arbeitsbuch.

1. Seit wann sucht man einen Impfstoff?
   _____

2. Wie viele Menschen sind weltweit infiziert?
   _____

3. Wo steht der Reporter Michael Anderson am Anfang seines Berichtes?
   _____

4. Was bedeutet im Labor ein gelbes Proberöhrchen?
   _____

5. Was macht die Suche nach einem Impfstoff besonders schwierig?
   _____

6. Was sagt Professor Schmitz über die Finanzierung der Forschung?
   _____

7. Wann ist es vielleicht erst möglich, einen Impfstoff zu kaufen?
   _____

**C. Fragen des Reporters.** Lesen Sie sich die folgenden drei Fragen Michael Andersons genau durch. Anschließend sehen Sie sich das Interview noch einmal an und notieren Sie sich die Antworten des Professors. (Machen Sie sich beim Zuschauen nur Stichwörter und formulieren Sie dann später ganze Sätze.)

1. Herr Professor Schmitz, wo ist denn nun die Schwierigkeit, einen Impfstoff oder ein Gegenmittel für Aids zu entwickeln?
   _____
   _____
   _____
   _____

Copyright © Houghton Mifflin Company. All rights reserved.                    Video Impulse   **105**

2. Es wird aber doch schon seit ein paar Jahren geforscht. Auf der ganzen Welt, nicht nur hier am Tropeninstitut. Gibt es denn da schon einen positiven Schritt?

3. Die Forscherteams in den Vereinigten Staaten bekommen ja viel mehr Geld als hier zum Beispiel in der Bundesrepublik. Geht man denn da eine gemeinsame Marschrichtung oder forscht jeder für sich allein?

**D. Zum Schluss.** Im Lesetext haben Sie Johanna Schmidts Beschreibung ihres Lebens gelesen. Beantworten Sie die beiden folgenden Fragen mit zwei bis drei Sätzen.

1. Wie würde der Filmbericht auf Johanna Schmidt wirken?

2. Was passiert, wenn ein Impfstoff gegen Aids entdeckt wird?

Name _____  Date _____

# Bericht E – Ein geteiltes Dorf wird wieder eins
## (6' 50 Min.; Kapitel 6)

**A. Eine Gliederung des Berichtes.** Schauen Sie sich den Filmbericht zweimal an. Beim ersten Mal sehen Sie ihn sich ohne Pause an. Beim zweiten Anschauen schreiben Sie die richtige Reihenfolge (1–5) der Filmabschnitte vor die folgenden Überschriften.

_____ Die Erinnerung an den 13. November 1989

_____ Die Brüder Wallborn

_____ Das geteilte Dorf – Altenburschla und Großburschla

_____ Die Vergangenheit – Opfer und Schuld

_____ Die innerdeutsche Grenze

**B. Fragen zum Bericht.** Lesen Sie sich zuerst die folgenden Fragen genau durch. Erst wenn Sie jede Frage verstanden haben, schauen Sie sich den Filmbericht noch einmal an. Machen Sie sich während des Anschauens Notizen zu den Fragen und formulieren Sie anschließend die Antworten in Ihrem Arbeitsbuch.

1. Was ist das Besondere an dem Haus, das in der Reportage gezeigt wird?
   _____

2. Warum waren die Brüder Wallborn anfangs misstrauisch?
   _____
   _____

3. Wie lang war die deutsch-deutsche Grenze? _____

4. Welchen Beruf hatte Mario Franke vor der Wende? _____

5. Was passierte der Familie Müller?
   _____

6. Welche Sorgen haben die Menschen auf beiden Seiten der Grenze heute? _____

**C. Die Interviews.** In dem Filmbericht werden mehrere Leute interviewt. Machen Sie sich Notizen. Kreuzen Sie an, wer aus dem Osten oder aus dem Westen Deutschlands kommt. Versuchen Sie dann mit eigenen Worten wiederzugeben, was die Leute sagen. (Schauen Sie sich erst ein Interview an, beantworten Sie die Frage und schauen Sie sich dann das nächste Interview an.)

1. Lothar Wallborn          West _____          Ost _____
   _____
   _____

2. Herbert Wallborn          West _____          Ost _____
   _____
   _____

**108** IMPULSE

3. Hilde Stelzer          West _____          Ost _____

_____
_____
_____

4. Mario Franke          West _____          Ost _____

_____
_____
_____

5. Marga Müller          West _____          Ost _____

_____
_____
_____

6. Fritz Meyfahrt         West _____          Ost _____

_____
_____
_____

7. Franz Müller          West _____          Ost _____

_____
_____
_____

**D. Zum Schluss.** Im Filmbericht und im Lesetext äußern sich Menschen zur Wiedervereinigung Deutschlands; im Film mehr ältere Menschen, im Lesetext Jugendliche. Welche der folgenden Überschriften passen zum Filmbericht, welche zum Lesetext. Versuchen Sie anschließend, den Unterschied zwischen Lesetext und Filmbeitrag in vier bis fünf Sätzen zu formulieren.

1. Endlich wieder vereint          Lesetext _____          Film _____
2. Keine Perspektiven               Lesetext _____          Film _____
3. Enttäuschungen                    Lesetext _____          Film _____
4. Vergangenheit und Schuld     Lesetext _____          Film _____
5. Wieder eine Familie              Lesetext _____          Film _____
6. Der arrogante Westen           Lesetext _____          Film _____

_____
_____
_____
_____

Name _____  Date _____

# Bericht F – Der deutsche Entwicklungsdienst
## (8 Min.; Kapitel 7)

**A. Eine Gliederung des Berichtes.** Schauen Sie sich den Filmbericht zweimal an. Beim ersten Mal sehen Sie ihn sich ohne Pause an. Beim zweiten Anschauen schreiben Sie die richtige Reihenfolge (1–6) der Filmabschnitte vor die folgenden Überschriften.

_____ Die Organisation des DED vor Ort

_____ Die Arbeit des DED in der Hauptstadt

_____ Äußerungen von Entwicklungshelfern

_____ Vorstellen des deutschen Entwicklungsdienstes

_____ Das landwirtschaftliche Hilfsprojekt in Niger

_____ Die Familiensituation eines Entwicklungshelfers

**B. Fragen zum Bericht.** Lesen Sie sich zuerst die folgenden Fragen genau durch. Erst wenn Sie jede Frage verstanden haben, schauen Sie sich den Filmbericht noch einmal an. Machen Sie sich während des Anschauens Notizen zu den Fragen und formulieren Sie anschließend die Antworten in Ihrem Arbeitsbuch.

1. Seit wann und wo werden die Entwicklungshelfer/ Entwicklungshelferinnen vom DED eingesetzt?
   _____
   _____

2. In welchem Projekt arbeitet der Agraringenieur des DED im Filmbericht?
   _____
   _____
   _____

3. Was ist das Hauptproblem in der Hauptstadt Niamey?
   _____
   _____

4. Was sind die Deutschen, die sich am Schluss des Berichtes äußern, und welchen Beruf hat die zweite Frau?
   _____
   _____

**C. Situationen.** Der Film zeigt das Leben von Entwicklungshelfern im Ausland. Schauen Sie sich den Film noch einmal an und notieren Sie sich drei Arbeits- und Alltagssituationen, in denen die Entwicklungshelfer gezeigt werden.

1. ____Im Büro_____
2. _____
3. _____
4. _____

**D. Zum Schluss.** Im Lesetext und im Filmbericht geht es um die Art und Weise wie Entwicklungshilfe organisiert werden soll. Vergleichen Sie beide und beantworten Sie die folgenden Fragen mit ein paar Sätzen.

1. Im Lesetext wird gesagt, dass die Europäer mehr Rücksicht auf die Tradition des jeweiligen Gastlandes nehmen müssen. Kommt das auch im Film zum Ausdruck?

   _____
   _____
   _____
   _____

2. Die Devise des DED heißt „Hilfe zur Selbsthilfe". Wo kommt das im Film vor?

   _____
   _____

Name _____     Date _____

# Bericht G – Zur Geschichte der deutschen Eisenbahn (5 Min.; Kapitel 8)

**A. Eine Gliederung des Berichtes.** Schauen Sie sich den Filmbericht zweimal an. Beim ersten Mal sehen Sie ihn sich ohne Pause an. Beim zweiten Anschauen schreiben Sie die richtige Reihenfolge (1–6) der Filmabschnitte vor die folgenden Überschriften.

_____ Das Nürnberger Eisenbahnmuseum und sein Prachtstück (Baureihe 05)

_____ Die Dampflokomotiven

_____ Die Zukunft der Eisenbahn – Der InterCityExpress (ICE)

_____ Der Beginn der Eisenbahn in Deutschland

_____ Probleme der Bahn

_____ Der ICE

**B. Fragen zum Bericht.** Lesen Sie sich zuerst die folgenden Fragen genau durch. Erst wenn Sie jede Frage verstanden haben, schauen Sie sich den Filmbericht noch einmal an. Machen Sie sich während des Anschauens Notizen zu den Fragen und formulieren Sie anschließend die Antworten in Ihrem Arbeitsbuch.

1. Die erste Eisenbahn in Deutschland fuhr von Nürnberg nach Fürth. Wann wurde diese Strecke verlegt und wie weit war sie?
   _____

2. Die Moderatorin spricht über einen Luxuswagen der Eisenbahn, in dem ein König fuhr. Welcher König war das?
   _____

3. Für welches Transportmittel war die Eisenbahn die große Konkurrenz?
   _____

4. Was war das besondere Problem für die Eisenbahn in Deutschland in der Anfangszeit?
   _____

5. Wie viel Kilometer Eisenbahnstrecke gab es in Deutschland um die Jahrhundertwende (19./20. Jahrhundert)?
   _____

6. Welche Probleme hat die Eisenbahn in der Gegenwart und warum?
   _____

7. Die Dampflok aus der Baureihe 05 fuhr 1936 einen Geschwindigkeitsweltrekord. Wie schnell fuhr sie?
   _____

8. Wie heißt der neue Zug der Deutschen Bahn?
   _____

**C. Chronologie der deutschen Eisenbahn.** Schauen Sie sich den Filmbericht noch einmal an. Weiter unten stehen einige wichtige Daten zur Geschichte der deutschen Eisenbahn. Tragen Sie die Ereignisse, die im Filmbericht genannt werden, zu den passenden Daten ein.

1. 7. 12. 1835:

2. Wende 19./20. Jahrhundert:

3. 1936:

4. 1977:

5. Anfang 90er-Jahre:

6. Jahrtausendwende:

**D. Zum Schluss.** Der Filmbericht ist eine Selbstdarstellung der Deutschen Bahn. Sie will sich für die Zukunft attraktiver machen. Nach dem Auto ist die Eisenbahn das wichtigste Verkehrsmittel in Deutschland. Beantworten Sie die folgenden Fragen in 4–5 Sätzen.

Ist in Ihrem Land die Eisenbahn ein populäres Verkehrsmittel oder nicht? Welche Verkehrsmittel benutzt man mehr? Fahren Sie oft mit der Bahn oder nicht? Warum?

Name _____  Date _____

# Bericht H – Wie sich Karl May die Indianer vorstellte
## (4'26 Min.; Kapitel 9)

**A. Eine Gliederung des Berichtes.** Schauen Sie sich den Filmbericht zweimal an. Beim ersten Mal sehen Sie ihn sich ohne Pause an. Beim zweiten Anschauen schreiben Sie die richtige Reihenfolge (1–7) der Filmabschnitte vor die folgenden Überschriften.

_____ Karl Mays Traum- und Fantasiewelt

_____ Karl Mays Reisen und sein Tod

_____ Der erste Dresdner Karl May-Club „Old Manitu"

_____ Karl Mays Romane und seine Leser

_____ Die Villa Shatterhand

_____ Berühmte Karl May-Leser

_____ Das Leben Karl Mays

**B. Fragen zum Bericht.** Lesen Sie sich zuerst die folgenden Fragen genau durch. Erst wenn Sie jede Frage verstanden haben, schauen Sie sich den Filmbericht noch einmal an. Machen Sie sich während des Anschauens Notizen zu den Fragen und formulieren Sie anschließend die Antworten in Ihrem Arbeitsbuch.

1. Was, meint die Moderatorin, hat Karl May zu seinen Indianergeschichten inspiriert?
   _____

2. Wo liest das Mädchen heimlich Karl May-Bücher?
   _____

3. Wo begann Karl May seine Karriere als Schriftsteller?
   _____

4. Welche berühmten Leser seiner Romane werden im Film gezeigt?
   _____

5. Über welche beiden Landschaften oder Länder schrieb Karl May besonders viel?
   _____

6. Wie alt war Karl May, als er zum ersten Mal in den „Wilden Westen" kam?
   _____

7. Warum starb Karl May völlig arm?
   _____
   _____

**C. Wort und Bild.** Was sieht man in Filmbericht, während man die folgenden Äußerungen hört? Schauen Sie sich den Film noch einmal an und wählen Sie die jeweilige richtige Antwort.

1. „Atemlos verfolgen seit Generationen die Jugendlichen die abenteuerreiche Freundschaft zwischen dem edlen Apachenhäuptling Winnetou und dem friedfertigen Trapper Old Shatterhand."
   a. lesendes Mädchen im Bett
   b. Karl Mays Geburtshaus

2. „In größter Armut wurde er 1842 im Webermilieu als fünftes von vierzehn Kindern geboren."
   a. Karl Mays Geburtshaus
   b. der Apachenhäuptling Winnetou

3. „Nur seine Fantasie half ihm, die harten Haftzeiten zu überleben. In der Einsamkeit der Zelle begann May mit ersten schriftstellerischen Versuchen."
   a. Bilder von Indianern
   b. das Fenster einer Zelle

4. „Mays Traumwelten verschmolzen mit seinem Alltag. Er stillisierte sich selbst zu einer Märchenfigur."
   a. Fotos von Karl May in seinem Haus
   b. Fotos von Karl Mays Romanen

5. „Karl May ist für mich der Mann, der seinen Bewohnern damals und seinen ... eh ... Arbeitern in der Gegend, wo er gewohnt hat, ... die Welt näher gebracht hat, die für die Leute damals verschlossen war."
   a. ein Foto von Karl May
   b. ein Deutscher als Indianer bekleidet

6. „Er reiste in den Orient, und erst mit 66 Jahren brach er nach Amerika auf, um auf den Spuren seiner Helden zu wandeln."
   a. exotische Souvenirs, die Karl May mit nach Hause gebracht hatte
   b. Karl May auf einem Schiff

**D. Zum Schluss.** Schreiben Sie zu den beiden folgenden Fragen eine Antwort von 3–4 Sätzen.

1. Schauen Sie sich noch einmal die Szenen mit dem ersten Dresdner Indianerclub an. Welches Bild vom „Wilden Westen" kommt hier zum Ausdruck? Wie kann man die Begeisterung der Mitglieder erklären?

2. Dieter Kronzucker war viele Jahre Journalist in den USA. Karl May hatte, als er seine Indianergeschichten schrieb, die USA noch nie besucht. Wie unterscheiden sich die Bilder, die beide von den Indianern vermitteln?

Name _____  Date _____

# Bericht I – Jüdisches Leben in Frankfurt am Main (5'51 Min.; Kapitel 10)

**A. Eine Gliederung des Berichtes.** Schauen Sie sich den Filmbericht zweimal an. Beim ersten Mal sehen Sie ihn sich ohne Pause an. Beim zweiten Anschauen schreiben Sie die richtige Reihenfolge (1–8) der Filmabschnitte vor die folgenden Überschriften.

_____ Das Gemeindezentrum

_____ Salomon Korn

_____ Die Judengasse – Geschichte der Juden in Frankfurt am Main

_____ Hilfe aus Israel

_____ Das gesellschaftliche Leben

_____ Der Student Daniel Korn und sein Leben in Deutschland

_____ Chanita Walzer und ihre Familie

_____ Der jüdische Friedhof

**B. Fragen zum Bericht.** Lesen Sie sich zuerst die folgenden Fragen genau durch. Erst wenn Sie jede Frage verstanden haben, schauen Sie sich den Filmbericht noch einmal an. Machen Sie sich während des Anschauens Notizen zu den Fragen und formulieren Sie anschließend die Antworten in Ihrem Arbeitsbuch.

1. Die Moderatorin sagt, Frankfurt hätte die größte jüdische Gemeinde in der Bundesrepublik. Wie viele Mitglieder hat sie?

   _____

2. Wann ist Familie Walzer nach Deutschland gekommen und wo lebte sie vorher?

   _____

3. Als was kann sich Salomon Korn am ehesten bezeichnen?
   _____

4. Warum gehen jüdische Jugendliche auf den jüdischen Friedhof?
   _____

5. Warum lädt die jüdische Gemeinde in Frankfurt Trainer aus Israel ein?
   _____

6. Welches Ziel hat das jüdische Gemeindezentrum?
   _____

**C. Alltagsszenen.** Der Film versucht, den Alltag jüdischer Mitbürger in Deutschland zu zeigen. Notieren sie sich, in welchen Alltagsszenen die Personen gezeigt werden und schreiben Sie hier vier auf.

1. _auf der Straße_
2. _____
3. _____
4. _____
5. _____

**D. Zum Schluss.** Wählen Sie eine der beiden folgenden Fragen aus und schreiben Sie dazu eine Antwort von 3–4 Sätzen.

1. In ihrem Brief macht sich Frau Herzog Sorgen, wie Naomi als Jüdin in Deutschland leben wird. In dem Filmbericht erzählen jüdische Mitbürger von ihrem Leben in Deutschland. Unterstützen diese Äußerungen die Ängste von Frau Herzog oder widersprechen sie ihnen?

   _____
   _____
   _____
   _____
   _____

2. Der Filmbericht zeigt, dass die interviewten Juden Schwierigkeiten haben, sich als Deutsche zu definieren. Kennen Sie von sich oder von anderen auch das Problem, sich in der Gesellschaft, in der Sie leben, nicht klar definieren zu können? Haben Sie vielleicht selbst schon einmal Diskriminierung erlebt?

   _____
   _____
   _____
   _____
   _____

Name _____    Date _____

# Bericht J – Ein Kurort denkt an Rollstuhlfahrer
# (4'38 Min.; Kapitel 11)

**A. Eine Gliederung des Berichtes.**  Schauen Sie sich den Filmbericht zweimal an. Beim ersten Mal sehen Sie ihn sich ohne Pause an. Beim zweiten Anschauen schreiben Sie die richtige Reihenfolge (1–4) der Filmabschnitte vor die folgenden Überschriften.

_____ Training im Rollstuhl

_____ Ein Leistungssport – Rollstuhl-Basketball

_____ Rollstuhlfahrer kommen zur Kur

_____ Bad Oeynhausen – ein „rollstuhlgerechter Ort"

**B. Fragen zum Bericht.**  Lesen Sie sich zuerst die folgenden Fragen genau durch. Erst wenn Sie jede Frage verstanden haben, schauen Sie sich den Filmbericht noch einmal an. Machen Sie sich während des Anschauens Notizen zu den Fragen und formulieren Sie anschließend die Antworten in Ihrem Arbeitsbuch.

1. Auf welche Menschen nimmt der Kurort Bad Oeynhausen besonders Rücksicht?
   _____

2. Was ist das Besondere an Bad Oeynhausen?
   _____

3. Wie nennt die Frau im Rollstuhl den Ort Bad Oeynhausen?
   _____

4. Wer darf an dem Training im Rollstuhlfahren teilnehmen?
   _____

5. Welche Sport-Mannschaft trainiert in Bad Oeynhausen?
   _____

**C. Ein rollstuhlfreundlicher Ort.**  Bad Oeynhausen wird als „rollstuhlfreundlicher" Ort bezeichnet. Welche Beispiele kann man im Film sehen, die zeigen, dass das wirklich so ist? Nennen Sie vier davon.

1. _____Eingang zu einem Geschäft_____
2. _____
3. _____
4. _____
5. _____

**D. Zum Schluss.**  Im Lesetext kritisierten die Sportlerinnen, dass Rollstuhl-Basketball nicht im Fernsehen gezeigt wird. Schauen Sie sich den Teil im Filmbericht noch einmal an, wo Rollstuhl-Basketball gezeigt wird. Würden Sie sich ein solches Spiel im Fernsehen anschauen? Warum oder warum nicht? Erklären Sie einer Person, die noch nie Rollstuhl-Basketball gesehen hat, was Sie an diesem Sport interessant und spannend finden. Schreiben Sie einen kurzen Aufsatz (5–6 Sätze).

_____
_____
_____
_____
_____

# Answer Key to *Zum Lesen und Schreiben*

## Kapitel 1

**A.**
1. Indonesien, Brasilien, Pakistan, Japan – in alle Herren Länder <u>sendet</u> die Deutsche Welle (DW) von Köln aus (ihre Programme.)
2. Und aus der ganzen Welt <u>bekommen</u> die Mitarbeiter (Hörer- und Zuschauerpost.)
3. Um die Berge von Zuschriften zu beantworten, <u>gibt</u> <u>es</u> in dem 31 Stockwerke hohen Bau am Raderberggürtel 50 (eine eigene Abteilung „Hörer- und Zuschauerpost".)
4. Viele <u>fragen</u> nach einem Foto der deutschen Fußballnationalmannschaft ...
5. Aber auch <u>ernste Themen</u> <u>beschäftigen</u> (die Briefeschreiber)...

**B.**
1. c
2. e
3. g
4. a
5. f
6. b
7. d

**D.** *Answers will vary.*

**E.** *Answers will vary.*

## Kapitel 2

**A.**
1. a
2. b

**B.**
1. Bist du in den Keller gegangen?
2. Hast du dich auf eine Bank gesetzt?
3. Bist du sofort in den Keller gelaufen?
4. Ist deine Mutter zu Hause geblieben?
5. Hast du deinem Vater davon erzählt?

**D.** *Answers will vary.*

**E.** *Answers will vary.*

## Kapitel 3

**A.**
1. b
2. b

**B.**
1. wurden
2. wurden
3. entsprachen
4. waren
5. wurde
6. betrug

**D.** *Answers will vary.*

**E.** *Answers will vary.*

## Kapitel 4

**A.** 1. b
2. a
3. b

**B. LM life:** Als, noch, als
**Dr. Riegel:** Am Anfang, Im Mai 1946, sechs Monate später

**D.** *Answers will vary.*

**E.** *Answers will vary.*

## Kapitel 5

**A.** 1. b  4. a
2. d  5. c
3. e

**B.** 1. nicht, gar nicht  4. nie mehr
2. gar nicht  5. nicht
3. kein  6. noch nie

**D.** *Answers will vary.*

**E.** *Answers will vary.*

## Kapitel 6

**A.** 1. a
2. a
3. b

**B.** 1. c  4. e
2. f  5. a
3. d  6. b

**D.** *Answers will vary.*

**E.** *Answers will vary.*

## Kapitel 7

**A.** 1. a. aus vergangenen Fehlern zu lernen
b. sein Verhalten zu ändern
2. a. sich dem empfindlichen Ökosystem der Sahelzone anzupassen
b. zumindest das Fortschreiten der Wüste zu verhindern

**B.** 1. b  5. f
2. e  6. c
3. d  7. a
4. g

C. 1. Womit lernen die Bauern, sich dem empfindlichen Ökosystem der Sahelzone anzupassen?
2. Wer lernt mit verbesserten Methoden in Viehzucht und Ackerbau, sich dem empfindlichen Ökosystem der Sahelzone anzupassen?
3. Was lernen die Bauern? *or* Was lernen die Bauern durch verbesserte Methoden in Viehzucht und Ackerbau?

E. *Answers will vary.*

F. *Answers will vary.*

# Kapitel 8

A. ***Susanne K.:***
1. in Südeuropa ist das Benzin

***Rainer S.:***
1. da wollte ich
2. Übernachtet habe ich
3. Jetzt muss ich

***Maria F.:***
1. Da ist das InterRail-Ticket
2. Manchmal gehe ich
3. So wird der Urlaub

***Lisa P.:***
1. mit einem InterRail-Ticket in der Tasche kann ich
2. In Frankreich bin ich
3. so schnell war ich

***Peter Sch.:***
1. Vergangenes Jahr bin ich
2. dieses Jahr wollte ich
3. Deshalb habe ich
4. dann bin ich
5. Als ich auf die Fähre gegangen bin, war ich
6. während der Fahrt hatten wir

C. *Answers will vary.*

D. *Answers will vary.*

# Kapitel 9

A. 1. a. Z. 8: wurde unterstützt
   b. Z. 18: wurde angelegt
   c. Z. 18–19: wurden unterrichtet
   d. Z. 25–26: muss einbezogen werden
2. a. Gemüse und Heilpflanzen wurden von den Indianern/von ihnen organisch angebaut.
   b. Der Siedlungsraum ist von großen weiten Steppen und den „bad lands" geprägt worden.
   c. Die Kompostwirtschaft wurde von Weltzien eingeführt.
   d. Die Anbautechniken werden von den Indianern/von ihnen verbessert werden.

**B.** 1. c     4. e
    2. a     5. d
    3. f     6. b

**D.** *Answers will vary.*

**E.** *Answers will vary.*

## Kapitel 10

**A.** *All possible answers:*
1. Z. 2: entschlossen hätte
   Z. 5: (im Passiv) gezeugt werden könne
2. Z. 11: gebracht wurden
3. Z. 22: komm
   Z. 23: baue
4. Z. 13: habe ... geändert
   Z. 16: gemacht habe
   Z. 18: gelesen hast
   Z. 1: (im Konjunktiv) hättest ... erfahren
   Z. 2: (im Konjunktiv) entschlossen ... hätte
5. Z. 5: war
   Z. 12: schrieb
   Z. 20: entschloss
   Z. 21: wollte
   Z. 11: (im Passiv) gebracht wurden
6. Z. 3, 5, 7: bist
   Z. 4: erinnerst
   Z. 12, 14, 18, 19, 23, 23: ist
   Z. 16: erlauben
   Z. 19: sollst
7. Z. 6: wirst ... lesen
   Z. 8–10: wirst ... gedenken
8. Z. 8–9: wirst ... zurückerinnert haben
   Z. 15: wirst ... verstanden haben

**B.** 1. Z. 2: wenn
    2. Z. 4: dass
    3. Z. 5: damit
    4. Z. 15: dass
    5. Z. 20: als

**D.** *Answers will vary.*

**E.** *Answers will vary.*

## Kapitel 11

**A.** 1. dass     5. weil
    2. dass     6. so dass
    3. bis     7. die
    4. damit     8. die

**D.** *Answers will vary.*

**E.** *Answers will vary.*

## Kapitel 12

**A.** 1. Rose Ausländer/Sie hat ein rastloses Leben geführt.
2. Sie hat ihre Heimat in der Sprache/Lyrik (und auch in der waldigen Landschaft der Bukowina) gefunden.
3. Es ist ein Ein-Personen-Stück über die Suche nach der eigenen Identität.

**C.** *Answers will vary.*

**D.** *Answers will vary.*

# Answer Key to *Radiomagazin Impulse*

## Kapitel 1

**A.** *Missing words in order of appearance:* Sendung / Ausland / schreibe / kommt / Zahl / sich informieren / interessieren sich / erreichen / Welle / Programm / Nachrichten / lebt / wollen / leicht / muss / Kulturen / Sendungen / arbeiten / Mitarbeiter / Fremdsprachen / bekommen

**B.** 1. R  6. R
2. R  7. R
3. F  8. R
4. F  9. F
5. R  10. F

**C.** 1. b. Asien
2. a. Indien, Pakistan und Bangladesch
3. a. Briefe
4. b. schwere
5. b. andere
6. a. persönliche
7. b. ernst
8. a. beantwortet

**D.** 1. a  5. b
2. a  6. a
3. b  7. a
4. a  8. a

**E.** 1. Brief *or* Briefe
2. individuelle
3. Briefe
4. Nordamerika
5. Kanada

F. *Possible answers:*
1. um nach mehr Informationen zu den Sendungen zu fragen; um Grüße zu bestellen; um ihre Meinung zu dem Programm zu sagen
2. weil man in den USA nicht mehr so viele Briefe schreibt, sondern mehr telefoniert oder E-Mails sendet
3. weil die Briefe aus so verschiedenen Kulturen kommen, wo so verschiedene Vorstellungen und Bedürfnisse sind
4. Die Mitglieder schreiben ihre Meinung zu bestimmten Sendungen, informieren die Deutsche Welle über ihre Aktivitäten und schicken Grüße.
5. Die 40 Mitarbeiter der Abteilung „Medienforschung / Hörer- und Zuschauerpost" kommen aus 20 Nationen und in den Redaktionen arbeiten Journalisten aus noch mehr Ländern.

# Kapitel 2

A. *Missing words in order of appearance:* Erlebnis / hat ... erzählt / haben ... genommen / haben ... getroffen / gelesen / hat ... gemacht / bin ... gewesen / haben ... erlebt / Angriff / Bomben / Trümmer / haben ... gearbeitet / retten / retten / traurig / sind ... gegangen / haben diskutiert / Gleich darauf / habe ... gesagt / hat ... gestanden / haben ... berichtet / haben ... überlebt / bin ... gekommen

B. 1. R  6. F
   2. R  7. R
   3. F  8. R
   4. F  9. R
   5. R  10. F

C. 1. a. Zweite Weltkrieg        5. b. Angriff
   2. b. Vater                   6. a. retten
   3. b. haben ... genommen      7. b. zurückgekommen
   4. a. Flugblätter             8. a. Freunde

D. 1. Nein   5. Ja
   2. Ja     6. Ja
   3. Ja     7. Nein
   4. Nein   8. Ja

E. 1. Köln
   2. Navajos
   3. Der Zweite Weltkrieg
   4. Flugblätter
   5. Trümmer / zerstört
   6. Süddeutschland

F. *Possible answers:*
1. Zerstörung, Leichen und Tod, er wollte weglaufen und schreien, konnte aber nur traurig sein
2. Informationen über den Krieg, die nicht in Hitlers Zeitungen standen
3. verhaften und umbringen
4. nach dem Krieg
5. Sie glaubten den Lügen der Nazis nicht, sie arbeiteten gegen sie, sie wollten nicht für Führer und Vaterland sterben.

# Kapitel 3

A. *Missing words in order of appearance:* Sicherheit / starben / lenken / waren / Aktion / wussten / wollten / machten / wirkten mit / hatten / stellt ... dar / allerdings / normalerweise / fuhren / gemeinsam / tranken / blieb ... nüchtern / Anschließend / zeigte sich / beweisen / Tatsache / gesamte / überzeugen / Verkehr / Getränke

B.  1. R        6. R
    2. F        7. R
    3. F        8. F
    4. R        9. F
    5. F       10. F

C.  1. b. befragten         5. a. interessierte
    2. b. drei              6. b. Alter
    3. a. gemeinsam         7. a. gesamte
    4. a. Alkohol           8. b. keine

D. *Possible answers:*
    1. Die Action-Gruppe: (Nein) ich interessiere mich nicht für Politik.
    2. Die Fan-Gruppe: (Vielleicht) fahre ich noch mit dem Auto durch die Gegend.
    3. Die Kontra-Gruppe: Nein, für Fußball interessiere ich mich überhaupt nicht.

E.  1. Jugendliche          4. Soziologen
    2. Alkohol              5. Discothek / Disco
    3. Autofahren und Alkohol trinken

F. *Possible answers:*
    1. die Action-, die Fan- und die Kontra-Gruppe
    2. Autofahren und Alkohol
    3. Action-Gruppe: mögen Action-Filme und Discos; kein Interesse für Politik
       Fan-Gruppe: nur ein Interesse, meistens Sport oder Disco; Autofahren aus Langeweile
       Kontra-Gruppe: moderner Rocker; hält sich für politisch; mag weder Sport noch Disco
    4. imponieren; sich beweisen; Freizeitvergnügen
    5. die jugendlichen Autofahrer als homogene Gruppe zu sehen

# Kapitel 4

A. *Missing words in order of appearance:* bekannt / Bär / Seit wann / schon / Gründer / dann / gründete / Kessel / zunächst / Lastwagen / unglaubliche / dann / produziert / noch nicht / herstellen / Nachdem / Packung / Unternehmen / schon / Zuerst / Danach / Später / bunt / nicht mehr / Produktion / danach / immer noch

B.  1. R        6. R
    2. R        7. R
    3. F        8. R
    4. F        9. F
    5. F       10. R

C.  1. HARIBO            4. 4 700
    2. Teddybär          5. Farbe
    3. bald              6. Sachsen

D.  1. a        5. a
    2. b        6. a
    3. b        7. b
    4. b

E.  1. USA              4. Fahrrad
    2. blau             5. künstliche
    3. Erwachsene ebenso

**F.** *Possible answers:*
1. keine künstlichen Farbstoffe mehr, Kunden wollten keine Chemikalien mehr in Lebensmitteln, HARIBO stellte Produktion um.
2. kaufte Firma im Osten auf, bildete Arbeiter aus dem Osten im Westen aus, baute Zentrallager in Sachsen (Osten), will Gummibärchen auf dem osteuropäischen Markt verkaufen.
3. Hans Riegel kaufte in den 30er-Jahren den ersten Teil, in den 50ern kam der zweite Teil dazu.
4. Es ist wichtig, sich die Zähne zu putzen.

## Kapitel 5

**A.** *Missing words in order of appearance:* das nicht stimmt / keine genauen Zahlen / kein Heilmittel / nicht ... passt / gibt es für sie nicht / Zukunft / Krankheit / empfindet / kein / stirbt / Thema / Besonders / Jugendliche / schädigt / kein Medikament / nicht nur / passiert / Körper / nicht mehr fertig / vorbei / abhängig / verrückt / rechnen ... damit

**B.**
1. F
2. R
3. F
4. F
5. F
6. R
7. R
8. F
9. R
10. F

**C.**
1. b. viele
2. b. keine genauen
3. a. jung und erfolgreich
4. a. Aids-Test
5. a. neuen
6. b. Gegenwart
7. a. kein
8. b. schwieriges

**D.**
1. das Haus
2. fernsehen
3. der Hunger
4. der Film
5. die Kinder
6. die Schule
7. die Sportler
8. das Getränk

**E.**
1. die Comics
2. Aids
3. die Zukunft
4. Kunst
5. „Die verlorene Zukunft"

**F.**
1. mit Tims Aids-Test
2. in der Aids-Gruppe
3. um Jugendliche zu erreichen / sie wollten vor allem Jugendliche erreichen / Comics sind bei Jugendlichen sehr populär.
4. Tim stirbt
5. sie ist lebenswert / er hat nur die Gegenwart

## Kapitel 6

**A.** *Missing words in order of appearance:* Mauer / vereint / die Grenze, die / gejubelt / Jugendliche, die / für die / jeder, der / brauchten / für das / aufbauen / denen / Zukunft / Chance / Die Menschen, die / entwickeln / aufzubauen / Die Leute, die / Seitdem / Westen / zahlen / das Geld, das / Meinung / viele gute Dinge, die / Hoffnung / ungefähr

**B.**
1. F
2. R
3. F
4. R
5. F
6. R
7. R
8. F
9. R
10. R

C. 1. a. 3. Oktober 1990
   2. b. viele
   3. a. reisen
   4. a. Westen; Osten
   5. a. teuer
   6. b. Vorteile und Nachteile
   7. a. Westen
   8. a. vieles
   9. b. Berlin
   10. a. ungefähr

D. 1. Ost; früher keine Reisefreiheit in den Westen
   2. Ost; alle wollen Westautos, das war früher nicht möglich; Meinungsfreiheit
   3. West; höhere Steuern, Marktwirtschaft
   4. West; war immer schon im Westen, war nie in der DDR
   5. Ost; jetzt Pressefreiheit, hohe Arbeitslosigkeit

E. 1. die Wiedervereinigung
   2. die Arbeitslosigkeit
   3. die Berliner Mauer
   4. Ossis und Wessis
   5. Berlin

F. *Possible answers:*
   1. hohe Arbeitslosigkeit, gegenseitige Vorurteile, Identitätskrise im Osten
   2. Osten: Verlust der Identität, keine Perspektive, Arbeitslosigkeit; Westen: Angst vor zu hohen Kosten
   3. Man hat auch etwas Konkretes gewonnen, Reise-, Presse- und Meinungsfreiheit
   4. seit dem Ende des Zweiten Weltkrieges
   5. die alliierten Siegermächte Großbritannien, Frankreich, die Sowjetunion und die USA

# Kapitel 7

A. *Missing words in order of appearance:* kritisieren / notwendig / Entwicklungshilfe / wirtschaftliche Zusammenarbeit / Wie / Hilfe / zusammenarbeiten / unabhängig / wirtschaftlichen Zukunft / Zukunft / Hilfe / Selbstbewusstsein / Wo und wie / beurteilen / Regierung / Wie viel / wie wird geholfen / Schulden / Krankenhäuser / Projekte / Mitarbeiter / Wo / umweltfreundlich / schwierig / Mittel / aufhören / Landwirtschaft / Europäer / zufrieden / weitergehen

B. 1. F  6. F
   2. R  7. R
   3. F  8. R
   4. R  9. F
   5. R  10. F

C. 1. a. Entwicklungshilfe
   2. b. reichsten
   3. b. gemeinsam
   4. a. Zukunft
   5. b. reichen Länder
   6. a. notwendig
   7. b. der Hunger
   8. a. wichtiger

D. 1. Wie viel
   2. wann
   3. Wieso
   4. Wie
   5. Wann
   6. Wie viele

E. 1. Entwicklungshilfe
   2. Dritte Welt
   3. ein eigenes Ministerium
   4. Industrienationen
   5. Kredit
   6. Experten

F. *Possible answers:*
   1. Nach dem Zweiten Weltkrieg zerstört und isoliert, bekam Hilfe von ehemaligen Feinden, dadurch Wirtschaftswunder und heute reiche Industrienation
   2. Wirtschaftliche Zusammenarbeit, Rohstoffe, Flüchtlinge bei zu großer Not
   3. Demokratie, Menschenrechte, Marktwirtschaft

4. Finanzhilfe, Experten und Maschinen, Ausbildung von Experten im Land
5. Landwirtschaft, Hunger bekämpfen

## Kapitel 8

**A.** *Missing words in order of appearance:* wichtig / Angebot/ Im / Bahn / der Urlaub / gut erholt / Europa / in den / in den / verbracht / Hauptstadt / in der / Reiseziele / außerdem / quer durch / Bahnhöfe / Landschaft / in den / Leute / getroffen / billliges / Jugendlichen / übernachten / Zügen / auf den / Ausnahmen / südeuropäischen / ins Ausland / in diese / günstiges / in diesen Ländern / Rucksacktouristen / ins Land

**B.**  1. F      6. F
       2. F      7. R
       3. F      8. F
       4. R      9. R
       5. R     10. R

**C.**  1. b. InterRail-Ticket       5. b. auch Probleme
       2. a. verschieden           6. a. wenig
       3. b. wollte nicht          7. a. der Zug
       4. b. in den                8. b. Vorteile

**D.**  1. Wie war der Urlaub?
       2. Hast du viele Menschen kennen gelernt?
       3. Wie lange kann man mit dem InterRail-Ticket reisen?
       4. Wohin bist du gefahren?
       5. Wie alt bist du?

**E.**  1. Süden        4. Frankreich
       2. Rucksack    5. Portugal
       3. 26

**F.**  1. in den Süden, nach Frankreich, Spanien und Portugal
       2. er wollte nicht quer durch Europa fahren, die Kulturen sind zu verschieden, er wollte nicht nur Bahnhöfe sehen, intensivere Erfahrungen
       3. viele Jugendliche aus ganz Europa
       4. sie übernachten in den Zügen, feiern Partys, sind laut, warten lange auf Bahnhöfen
       5. die Jugendlichen aus Mittel- und Nordeuropa kommen alle in den Süden und fahren hier umsonst mit der Bahn, nicht so viele junge Leute aus dem Süden kaufen InterRail-Tickets

## Kapitel 9

**A.** *Missing words in order of appearance:* Indianer / erholen sich / Ureinwohner / Liebhaber / Romane / wurde ... gespielt / tapfere / wird ... geprägt / werden ... gezeigt / besonders / wurden viel gelesen / anderes / führen / wurde ... zerstört / gehörten / unterstützt wurde / staunen / berühmten / geblieben / Kultur / wurde / historische / Bild / anders / entwickelt / Einwanderer / Recht / ermorden / wurde ... gemerkt / Stämmen / wird ... gemacht / gezeigt wird / Wahrheit

**B.**  1. F      6. R
       2. R      7. R
       3. F      8. F
       4. R      9. R
       5. F     10. R

C. 1. b. geschrieben
   2. a. viele
   3. b. Deutschland
   4. b. Kultur, Geschichte
   5. a. sensibel
   6. b. keine Chance
   7. a. persönlich
   8. a. anders

D. 1. May
   2. Old Shatterhand
   3. Westen
   4. Hans
   5. Weltkrieg
   6. weiß
   7. Indianer
   8. böse
   9. schlechter / anders
   10. Geschichte

E. 1. Karl May
   2. Karneval
   3. Indianer
   4. Kultur
   5. Reservat

F. 1. das Leben mit Abenteuer, die Freiheit in der Natur, das Exotische
   2. er will mehr wissen, mehr Fakten über Kultur und Geschichte
   3. Karl May, Wildwestfilme, Comics
   4. wie man mit der Natur lebt
   5. Freundschaft zwischen Rot und Weiß, Idealbild des Zusammenlebens

# Kapitel 10

A. *Missing words in order of appearance:* Jüdin / dass / Portugal / liebt / Enkelkinder / wenn / aber / Großeltern / Frieden / Bedeutung / als / Welt / plötzlich / quälte / Hoffnung / weil / Gerechtigkeit / denkt ... nach / rechtzeitig / Inzwischen / Schmerz / Als / Da / dass / nachdem / wenn / trotzdem / Als / dass / Roman / kehrt ... zurück / Wunder

B. 1. F     6. F
   2. R     7. F
   3. F     8. R
   4. R     9. F
   5. R     10. R

C. 1. b. Portugal
   2. a. weil
   3. b. Portugiesisch, Deutsch
   4. a. Großeltern
   5. a. die anderen Kinder
   6. b. hasst
   7. a. wenn
   8. b. obwohl

D. 1. Ilse Losa lebt in Portugal, weil sie aus Deutschland fliehen musste.
   2. Sie wurde verhaftet, nachdem sie einen Brief geschrieben hatte.
   3. Sie ging nach Porto, da ihr Onkel dort lebte.
   4. Sie findet es schlecht, dass sie nicht auf Deutsch schreiben kann.
   5. Sie fährt oft nach Deutschland, wo sie viele Freunde hat.

E. 1. Portugal
   2. Die Welt in der ich lebte
   3. Kinderbücher
   4. Ihr Onkel
   5. Hitler

F. *Possible answers:*
   1. sie ist Jüdin und hat einen Brief gegen Hitler geschrieben
   2. die Bedeutung des Antisemitismus
   3. er fühlte sich als Deutscher, doch beschimpften ihn die Deutschen aus seinem Dorf als „dreckige Judensau"

130  IMPULSE

4. sie kann zwar lernen auf Portugiesisch zu schreiben, doch nie so, wie sie in ihrer Muttersprache Deutsch hätte schreiben können. Sie wird nie alles sagen oder schreiben können, was sie denkt
5. dass sie nach so langer Zeit als portugiesische Schriftstellerin in Deutschland veröffentlicht wird, obwohl sie doch Deutsche ist und das Buch deutsche Geschichte erzählt

## Kapitel 11

**A.** *Missing words in order of appearance:* Meisterschaft / behinderte / kämpfen / eigentlich / fördern / Zuschauer / würde ... berichten / Medien / wäre / würden / verhalten sich / begeistert / hätte / schnell / beachten / hätte ... gebraucht / Jubel / Erfolg / sich ... verändert / wäre / könnten / Rollstuhl / Leistungen

**B.**
1. R        6. F
2. F        7. F
3. R        8. F
4. F        9. R
5. R       10. F

**C.**
1. a. Deutschland          5. b. Basketball
2. b. berichtet nicht      6. b. trainiert haben.
3. b. 2 000                7. b. Rollstuhl-Basketball
4. a. Frauen               8. a. wäre

**D.**
1. die Journalisten        6. der Zuschauer
2. spielen                 7. gewinnen
3. spannend                8. der Ball
4. die Mannschaft          9. behindert
5. der Rollstuhl          10. der Spaß

**E.**
1. Deutschland
2. Fußgänger
3. Medien
4. Rollstuhl
5. Fernsehen

**F.** *Possible answers:*
1. alles war vorbereitet, Reporter, Kameras, die gesamte Technik war da, um von der Basketball-Europameisterschaft zu berichten
2. weil diese nicht zu ihren Spielen gekommen waren
3. weil auch Nichtbehinderte spielen können
4. spannend und schnell
5. einen Anfang gemacht zu haben, Rollstuhl-Basketball populärer zu machen

## Kapitel 12

**A.** *Missing words in order of appearance:* Gedichte / entwickelt / ungewöhnliche / Dichterin / Lesung / biografische *or* biographische / abendfüllendes / ganzes / Heimatlosigkeit / Bühne / stellen ... dar / persönliches / verschiedene / private / schwieriger / unangenehme / aufgeführt / kleinen / wenigen / späten / frühen / äußeren / Gefühl / Ort / neuen / Schauspielerin / anderen / falsche / leitende / großen / interessante / vorzutragen

Answer Key to *Radiomagazin Impulse*

B. 1. R    6. R
   2. F    7. R
   3. F    8. R
   4. F    9. F
   5. R   10. F

C. 1. a. sich beteiligen                5. b. inneren
   2. b. eine biografische Lesung       6. a. zu Hause
   3. b. schwieriger                    7. b. falsche
   4. b. Sprache                        8. a. Professor

D. 1. c    4. a
   2. e    5. b
   3. f    6. d

E. 1. „Name: Rose Ausländer"           4. Heimatlosigkeit
   2. Synagoge, Bahnhof                 5. Bäuerin
   3. bilderreiche Sprache

F. *Possible answers:*
   1. „Vielfarbenfeuer"
   2. Sie studierten Texte und Bilder aus dem Leben Rose Ausländers.
   3. weil das Thema „Heimatlosigkeit" im Mittelpunkt stehen sollte und damit auch Einsamkeit
   4. Flucht, Vertreibung oder Verfolgung, das hat Gisela Nohl nicht erlebt. Aber sie fühlt sich heimatlos in einem inneren Sinn – sie ist immer in sich selbst auf der Suche, sie fühlt sich in ihrer Seele rastlos.
   5. weil sie sich ein falsches Bild von dem Beruf gemacht hatte

Copyright © Houghton Mifflin Company. All rights reserved.

# Answer Key to *Video Impulse*

## *Bericht A*

**A.**
1. Sinn und Ziel der Aktion „Geschichte für alle"
2. Der Marktplatz und seine Vergangenheit
3. Nürnberg bis 1933
4. Die Synagoge
5. Ein Zeitzeuge
6. Die Reaktion eines Schülers
7. Eine Zeitzeugin berichtet von Militärübungen
8. Das Ende der Tour

**B.**
1. die nationalsozialistische Geschichte der Stadt aufzuarbeiten
2. ein jüdischer Mitbürger, der von den Nationalsozialisten verfolgt und in ein Konzentrationslager gebracht wurde
3. Die Stadt war eine der fortschrittlichsten in Deutschland.
4. Sie hatte eine zentrale und herausragende Stellung im Stadtbild.
5. Sie will nicht, dass die Ereignisse vergessen werden.
6. Man soll aus der Vergangenheit lernen.

**C.**
1. der Marktplatz: Hier fanden Paraden und Aufmärsche der Nazis statt.
2. die Synagoge: Bis zu ihrer Zerstörung war sie ein zentrales Gebäude im Stadtbild.
3. der Luitpoldhain: Hier fanden militärische Übungen und Kriegsspiele der Nazis statt.
4. die Kongresshalle: Hier fanden die Reichsparteitage der Nazis statt.

**D.** **Lesetext** (*possible answers*)   **Filmbericht** (*possible answers*)   **Die Verbindung**
persönliche Geschichte        politische Geschichte            Lesetext als Zeitzeuge für die Historiker
direkte Betroffenheit         Betroffenheit wiederherstellen
Erfahrungen verarbeiten       aus der Geschichte lernen

## *Bericht B*

**A.**
1. Vorbereitung und Fragestellung auf der Teststrecke
2. Das ADAC-Sicherheitstraining auf der Teststrecke
3. Der Discobesuch
4. Wiederholung der Übungen und die Beobachter
5. In der Disco, Äußerungen der Teilnehmer

**B.**
1. Besucher einer Disco und ADAC-Mitarbeiter
2. Die Fahrer und Fahrerinnen haben ihr Auto nach etwas Übung gut beherrscht.
3. ein Gerät, in das man hineinblasen muss und mit dem man den Alkoholwert im Blut messen kann
4. Alle Beteiligten sind beeindruckt von den Ergebnissen und wollen nicht mehr Auto fahren, wenn sie Alkohol getrunken haben.

**C.**
1. a. bremsen
   b. bremsen in der Kurve
   c. bremsen auf unterschiedlich nasser Fahrbahn
2. a. 1. Gruppe: trinkt Alkohol wie sonst auch
   b. 2. Gruppe: trinkt keinen Alkohol

3. a. ja
   b. nein
   c. nein
   d. ja
   e. ja

**D.** Answers will vary.

## Zusatz B

**A.** 1. Am Spielautomat
2. Auf der Landstraße
3. Im Krankenhaus

**B.** 1. Er hat am Spielautomat verloren und er hat sich darüber geärgert, dass sich seine Freunde über ihn lustig gemacht haben.
2. Der ADAC gebraucht eine nüchterne, objektive Darstellung. Der Film gebraucht das Blut-und-Tränen-Prinzip.

**C.** *Answers will vary.*

## Bericht C

**A.** 1. Geschichte des Gummibärchens
2. Produktion des Gummibärchens
3. Die Designerin
4. Andere Formen des Fruchtgummis
5. Das Gummibärchen bleibt die Nr. 1.

**B.** 1. zur Süßwarenmesse in Köln
2. seit etwa 70 Jahren
3. Wasser, Zucker, Gelatine und Glukose
4. um zu trocknen
5. in der Verpackung
6. Sie macht die Modelle für das Mehlbett.
7. Politikerköpfe, Dinosaurier, Bienen und Insekten
8. Sie werden vernascht.

**C.** 1. a. ja
b. ja
c. ja
d. nein
e. ja
f. nein
g. nein
2. Kessel – Rohmasse mischen
Holzbrett – Gummibärchenformen ins Mehlbett pressen
Trommel – Gummibärchen schütteln, um Kanten und Zacken abzuschlagen
Tüte – Gummibärchen verpacken

**D.** 1. Rohmasse wird gerührt.
2. Farbstoff wird dazugegeben.
3. Masse wird ins Mehlbett gepresst.
4. Trocknen
5. Zacken und Kanten werden abgeschüttelt.
6. Verpackung
7. Design der Fruchtgummis

## Bericht D

**A.** 1. Der Reporter vor dem Institut
2. Probleme bei der Forschung
3. Vorgehensweise der Wissenschaftler
4. Bisher keine Erfolge
5. Interview mit Professor Heinrich Schmitz zum Stand der Forschung

**B.** 1. seit über 10 Jahren
2. 13 Millionen
3. vor dem Tropeninstitut in Hamburg
4. dass man HIV-positiv ist
5. Es gibt nicht ein bestimmtes Virus, sondern viele Varianten.
6. Die Regierung will weniger Geld für die Aids-Forschung ausgeben. Das ist ein schlimmes Problem.
7. nicht vor dem Jahre 2000

**134** IMPULSE

C. 1. Das Hauptproblem liegt in den vielen verschiedenen Varianten des Virus. Man muss nicht nur einen Impfstoff gegen *einen* Virus finden, sondern gegen mehrere.
2. Es gibt viele kleine positive Schritte. Viele Forscher haben Neues entdeckt und es wird hoffentlich auch ein Impfstoff gegen Aids entwickelt werden.
3. Es gibt gemeinsame Kongresse und Austausch. Viele von uns fahren in die USA und Amerikaner kommen zu uns.

D. *Answers will vary.*

## Bericht E

A. 1. Das geteilte Dorf – Altenburschla und Großburschla
2. Die Brüder Wallborn
3. Die innerdeutsche Grenze
4. Die Vergangenheit – Opfer und Schuld
5. Die Erinnerung an den 13. November 1989

B. 1. Ein Teil lag im Westen, ein Teil im Osten.
2. Sie glaubten nicht, dass die Grenze geöffnet bleibt.
3. 1 400 km
4. Grenzschutzoffizier
5. Sie wurden umgesiedelt, weil der Sohn in den Westen geflohen war.
6. wirtschaftliche Probleme

C. 1. West / beschreibt, wie schön es am 13. November 1989 war und dass alle, die über die Grenze kamen, Blumen in der Hand hatten
2. Ost / beschreibt sein Gefühl am 13. November 1998, dass er nach 40 Jahren wieder über die Werrabrücke gehen konnte und seine anfängliche Skepsis
3. Ost / Die DDR hätte so viel in diese Grenze investiert, dass nichts mehr für die Menschen übrig geblieben sei.
4. Ost / versteht nicht mehr, warum die Grenze so abgesichert worden ist. Er wäre nur Befehlsempfänger gewesen und die Frage nach dem „warum" könne ihm heute keiner beantworten.
5. Ost / beschreibt, warum ihre Familie Großburschla verlassen musste, obwohl sie nichts getan haben. Nur weil der Sohn in den Westen geflohen sei, habe man die Familie bestraft.
6. Ost / Er hätte als Bürgermeister nichts für die Familie Müller tun können, ohne selbst bestraft zu werden.
7. Ost / beschreibt die Freude am 13. November 1998, wie der Sohn wieder bei der Familie war und den Großvater besucht hätte. Für ihn ein unvergessliches Erlebnis

D. 1. Film
2. Lesetext
3. Lesetext
4. Film
5. Film
6. Lesetext

Im Film berichten ältere Menschen über ihr Leben. Sie lebten im geteilten Deutschland, die meisten kannten noch Deutschland vor der Teilung. Die Vergangenheit spielt im Film eine große Rolle. Im Lesetext berichten junge Menschen. Sie interessieren sich mehr für die Gegenwart und Zukunft. Sie sind im geteilten Deutschland aufgewachsen und sehen das wiedervereinigte Deutschland kritischer.

## Bericht F

A. 1. Vorstellen des deutschen Entwicklungsdienstes
2. Das landwirtschaftliche Hilfsprojekt in Niger
3. Die Familiensituation eines Entwicklungshelfers
4. Die Arbeit des DED in der Hauptstadt
5. Die Organisation des DED vor Ort
6. Äußerungen von Entwicklungshelfern

**B.** 1. seit 1963 in Afrika, Lateinamerika und Asien
2. Programm zur Ressourcensicherung / Bau von Steinwällen, die das Fortschwemmen des Mutterbodens verhindern sollen
3. fehlende Arbeitsplätze / hohe Arbeitslosigkeit
4. Entwicklungshelfer/innen, Krankenschwester

**C.** (*The order of three of the following possible answers will vary.*)
bei der Dorfversammlung
auf dem Feld
in der Familie
bei der Ausbildung junger Leute
bei einer Konferenz

**D.** *Answers will vary, but can include:*
1. Ja, im Teil über den Agraringenieur. Da heißt es, die Arbeit könne nur funktionieren, wenn die Dorfbewohner vom Nutzen der Arbeit überzeugt sind und aktiv mitentscheiden.
2. Mitentscheidung des Dorfes, Landvermessung, Berufsausbildung fördern

# Bericht G

**A.** 1. Die Zukunft der Eisenbahn – Der InterCityExpress (ICE)
2. Der Beginn der Eisenbahn in Deutschland
3. Die Dampflokomotiven
4. Probleme der Bahn
5. Das Nürnberger Eisenbahnmuseum und sein Prachtstück (Baureihe 05)
6. Der ICE

**B.** 1. am 7.12.1835; 6 km
2. König Ludwig II. von Bayern
3. für die Pferdekutsche
4. Deutschland bestand aus mehr als 30 Staaten, die alle ein eigenes Eisenbahnnetz bauten, ohne sich abzusprechen.
5. mehr als 40 000 km
6. zu wenig Passagiere, zu viele wollen mit dem eigenen Auto fahren, Güter werden auf Lastwagen transportiert
7. über 200 km/Std.
8. ICE

**C.** 1. erste Eisenbahn in Deutschland, die „Adler", fährt von Nürnberg nach Fürth.
2. 40 000 km Schienennetz in Deutschland
3. Weltrekord für Dampflokomotiven: eine Maschine aus der Baureihe 05 fährt über 200 km/Std.; Diesel- und Elektrolokomotiven sind aber bereits schneller.
4. Das Aus für die Dampflokomotiven.
5. ICE startet, Rekord über 400 km/Std.
6. 4 000 km Schienen für ICE sollen gelegt sein.

**D.** *Answers will vary.*

# Bericht H

**A.** 1. Karl Mays Romane und seine Leser
2. Das Leben Karl Mays
3. Karl Mays Traum- und Fantasiewelt
4. Berühmte Karl May-Leser
5. Der erste Dresdner Karl May-Club „Old Manitu"

       6. Die Villa Shatterhand
       7. Karl Mays Reisen und sein Tod

**B.**  1. das Elbsandsteingebirge, die Landschaft bei Dresden
       2. im Bett unter der Decke
       3. im Gefängnis
       4. Bertolt Brecht und Albert Einstein
       5. über den Orient und den Westen der USA
       6. 66 Jahre
       7. Viele Menschen nannten Karl May einen notorischen Lügner und Verbrecher. Dagegen hat er viele Gerichtsprozesse geführt. Das kostete sehr viel Geld.

**C.**  1. a. lesendes Mädchen im Bett
       2. a. Karl Mays Geburtshaus
       3. b. das Fenster einer Zelle
       4. a. Fotos von Karl May in seinem Haus
       5. b. ein Deutscher als Indianer bekleidet
       6. b. Karl May auf einem Schiff

**D.** *Answers will vary but can include:*
       1. fremde Welt, die man selbst nicht erfahren kann; Harmoniebedürfnis; Abenteuerlust; Flucht aus dem eigenen Alltag
       2. Kronzucker: mit Fakten, historischen Daten, Zitaten; May: Atmosphäre, Abenteuer, Identifikationen

# Bericht I

**A.**  1. Chanita Walzer und ihre Familie
       2. Salomon Korn
       3. Die Judengasse – Geschichte der Juden in Frankfurt am Main
       4. Der jüdische Friedhof
       5. Hilfe aus Israel
       6. Der Student Daniel Korn und sein Leben in Deutschland
       7. Das Gemeindezentrum
       8. Das gesellschaftliche Leben

**B.**  1. 5 000
       2. vor 16 Jahren; in Israel
       3. als polnischer Jude oder als Frankfurter Jude – aber nicht als deutscher Jude
       4. Hier finden sie ein Stück jüdische Identität.
       5. Sie wollen ihre jüdische Identität behalten und Solidarität mit dem Staat Israel zeigen.
       6. jüdische und nichtjüdische Deutsche zusammenzubringen

**C.** (*The order of four of the following answers will vary.*)
       in der Familie
       im Büro
       auf dem Friedhof
       beim Tanzen
       im Park
       bei einem Fest

**D.**  1. *Answers will vary but can include:*
          teils, teils: oberflächlich keine Diskriminierung, aber unterschwellig schon, fühlt sich in Deutschland aber zu Hause und sicher (Daniel Korn); unmöglich, sich als deutscher Jude zu bezeichnen, aber als Frankfurter Jude (Salomon Korn); Schwierigkeit in Deutschland jüdische Identität zu bewahren (Fam. Walzer)
       2. *Answers will vary.*

# Bericht J

**A.**
1. Bad Oeynhausen – ein „rollstuhlgerechter Ort"
2. Rollstuhlfahrer kommen zur Kur
3. Training im Rollstuhl
4. Ein Leistungssport – Rollstuhl-Basketball

**B.**
1. auf Menschen im Rollstuhl
2. Es ist ein „rollstuhlfreundlicher" Ort.
3. als „Stadt ohne Stufen"
4. Behinderte und Nichtbehinderte
5. die deutsche Nationalmannschaft der Männer im Rollstuhl-Basketball

**C.** (*The order of four of the following answers will vary.*)
Straßen ohne Bürgersteige
Telefonzelle
Freizeitangebot – das Rollstuhltraining
Auffahrt neben dem Haus
Hauseingang
Sportangebot

**D.** *Answers will vary.*

# Permissions and Credits

The authors and editors thank the following authors, publishers, and others for granting permission to use excerpts from copyrighted material.

Page 2:   Sydow, Anette. "Hörer- und Zuschauerpost an die Deutsche Welle: 500 000 Briefe aus aller Welt." *Kölnische Rundschau, Teil: Stadt Köln, 21.4.98, Nr. 92, 3.*

Page 6:   Heer, Hannes, Hrsg. *Als ich 9 Jahre alt war, kam der Krieg: Schüleraufsätze 1946, Ein Lesebuch gegen den Krieg.* Köln: Prometh Verlag, 1980, 112. Der hier abgedruckte Text enthält leichte Veränderungen.

Pages 9–10:   Schulze, Horst, "Nächtliche Freizeitunfälle junger Fahrerinnen und Fahrer." *Mensch und Sicherheit* Heft M91: Berichte der Bundesanstalt für Straßenwesen. Bergisch Gladbach: Bundesanstalt für Straßenwesen, 1998, 3, 13.

Page 10:   Becker, Klaus-Peter. *Alkohol im Straßenverkehr: Meine Rechte und Pflichten.* München: Deutscher Taschenbuch Verlag, 1993, 39, 41, 59.

Pages 14–15:   Gindler, Frank J. "Das wahre Märchen vom Gummibärchen." *LM life,* 2/1992, LFG-Verlag, Germany. 2–3.

Pages 17–18:   Tücking, Stefanie und Kai Böcking, Eds. *Das Anti Aids Buch.* Frankfurt am Main: Fischer Taschenbuch Verlag, GmbH, 1990, 16–17, 54–58.

Pages 21–22:   Schmelzer, Kerstin Anja. "Ost oder West – was macht das schon?" In *Semester Tip,* Deutsches Studentenwerk, Ed., Nr. 5, 10. Jhrg., Oktober 1996, 14.

Page 26:   Dressmann, Bernd V. "Zu diesem Heft." In *Ökologischer Landbau im Sahel: Partnerschaftsprojekt Burkina Faso.* Deutsche Welthungerhilfe, Ed., Bonn, Berlin: Deutscher Entwicklungsdienst, September, 1987, 2.

Page 32:   Wagner, Irmgard. "Die Indianer standen vor einem Rätsel." *Kulturchronik,* Nr. 3, 1991, 46–47. First appeared in *General-Anzeiger,* Bonn.

Page 36:   Herzog, Ruth. *Shalom Naomi? Brief an ein Kind.* Frankfurt am Main: Fischer Taschenbuch Verlag GmbH, 1982, 183–184.

Page 43:   Görz, Andrea. "In der Lyrik fand sie die wahre Heimat." *Kölner Stadt-Anzeiger,* March 14, 1997.